LA DOUCE PYTHIE

ORÁCULO DE LAS VIDAS ANTERIORES

EDICIONES OBELISCO

Si este libro le ha interesado y desea que le mantengamos informado de nuestras publicaciones, escríbanos indicándonos qué temas son de su interés (Astrología, Autoayuda, Ciencias Ocultas, Artes Marciales, Naturismo, Espiritualidad, Tradición…) y gustosamente le complaceremos.

Puede consultar nuestro catálogo en www.edicionesobelisco.com

Colección Cartomancia y Tarot

ORÁCULO DE LAS VIDAS ANTERIORES
Texto: *La Douce Pythie*
Ilustraciones: *Nocëaë*

1.ª edición: junio de 2023

Título original: *L'Oracle des vies antérieures*

Traducción: *Susana Cantero*
Maquetación: *Isabel Also*
Corrección: *Sara Moreno*

Edita: Ediciones Obelisco, S. L.
Collita, 23-25. Pol. Ind. Molí de la Bastida, 08191 Rubí - Barcelona - España
Tel. 93 309 85 25
E-mail: info@edicionesobelisco.com

ISBN: 978-84-9111-980-7
Depósito Legal: B-338-2023

Printed in China

PREFACIO DE LA AUTORA

Si bien soy médium de nacimiento, rechacé mis capacidades durante mucho tiempo. En la adolescencia, mis intuiciones iban acompañadas de *flashes* de acontecimientos precisos que no lograba interpretar. A mí aquello me parecía extraño y pronto tomé conciencia de que el mundo en el que yo evolucionaba no comprendía lo que estaba viviendo en mi interior. Hablar de ello no podía sino acentuar el malestar que, a mi pesar, sentía. Me sentía diferente y no sabía qué hacer. Oscilaba entre las ganas de comprender ese mundo etérico en el que existen las percepciones que van más allá de los cinco sentidos y las de rechazarlo todo.

Una carrera científica y una vida adulta más tarde, teniendo aún esas intuiciones, pero utilizándolas solamente si se da la ocasión, siento que el universo me empuja hacia mis bastiones. Dejo mi trabajo en un arranque. Me marcho a la otra punta del mundo con la única esperanza de olvidar mi dolor. Acababa de vivir un divorcio, me sentía perdida. ¿Qué podía ser yo ahora que ya no existía todo aquello que me definía? En ese momento es cuando se precipitan los acontecimientos: paseándome por la calle, me encuentro por casualidad con un hombre que me confiesa que es un guía espiritual local. No me lo creo ni por un segundo, pero por vivir una experiencia folclórica me dejo tentar por una ceremonia «de Luna llena».

Durante esa noche, veo por primera vez mis vidas anteriores. Habéis de saber, no obstante, que, en mi recorrido personal, nada me predisponía para esas creencias. Aunque sí estaba abierta a la idea de otra vida después de la muerte, pero las vidas anteriores me parecían un concepto demasiado oriental para mi ordenadísima vida. En modo alguno sospechaba la existencia de ese universo invisible inscrito en el fondo más recóndito de mí. A resultas de aquel encuentro con mi pasado, se me apareció todo un mundo nuevo y mágico, que se me va revelando un poco más día a día.

En aquel momento se dibujó ante mí un camino nuevo, el de mi sanación interior. Entonces tomo conciencia de todas mis capacidades, que había guardado cuidadosamente bajo llave para no sufrir rechazo.

Aquel período fue para mí un vuelco total, a la vez doloroso y formador. Aprendí a comprender los mensajes de mis guías, a escuchar mi voz interior y a canalizar mis capacidades espirituales.

Más allá de toda religión, de cualquier dogma, la reconexión con las vidas anteriores permite sanar nuestra relación profunda con nosotros mismos, con nuestro yo esencial y con la vida. Gracias a ellas comprendemos las razones de nuestros esquemas limitantes repetitivos, pero también nuestros miedos y angustias.

He descubierto que la sanación espiritual no está reservada únicamente a los grandes místicos y a los fervientes practicantes de una exigente ascesis, sino que es algo sencillo, accesible, que, a poco que le hagamos sitio, está ahí a nuestra disposición.

Al cabo de tres años, durante los cuales acompañé a consultantes que buscaban información sobre sus vidas anteriores, sentí la profunda necesidad de que este don de sanación y este conocimiento que a mí se me había regalado circulasen de manera mucho más amplia. Deseo que todas y todos puedan beneficiarse de él de manera simple y accesible, incluso sin tener capacidades extrasensoriales previas.

La idea de proponer un oráculo se me ocurrió por mi anhelo de permitiros acceder a todas esas informaciones clave de vuestro trayecto de alma sin que os sea necesario un médium, tal como propongo yo durante mis consultas.

Así nació el *Oráculo de las vidas anteriores*. Esta herramienta pueden utilizarla tanto profesionales como personas interesadas en saber lo que pueden revelarles sus vidas pasadas. Podrá sacar a la vista problemáticas profundas y despertar recuerdos sepultados. No es para hacer tiradas diarias, sino más bien para reservarlo para momentos privilegiados, en los que uno se siente dispuesto a doblar algún cabo de comprensión.

A través de mi página de Instagram, @ladoucepythie, transmito las informaciones que recibo gracias a mis canalizaciones mediúmnicas. Durante las citas privadas de acompañamiento y guía, ayudo a mis consultantes a encontrarse, a desarrollarse, a comprenderse a través de los mensajes que canalizo. Les doy las claves para desbloquear problemas o angustias. Respondo a sus preguntas y a veces les doy un punto de vista sobre su futuro o su pasado. Mediante la exploración de sus vidas anteriores y los mensajes de sus guías espirituales, les doy luz sobre su camino de vida. Siempre con benevolencia y amor.

Aquella oruguita se ha convertido en mariposa. Con vosotros.

Contacto: Instagram @Ladoucepythie / www.ladoucepythie.com

También publicado en Ediciones First: *Les Flammes jumelles*, 2021.

ÍNDICE

INTRODUCCIÓN A LAS VIDAS ANTERIORES

Con el fin de definir lo que son las vidas anteriores, es importante explicar el principio de **reencarnación**.

El término «reencarnación» deriva del latín *reincarnationem*, que significa literalmente «entrar de nuevo en la carne». La reencarnación es la idea de que, después de tu muerte biológica, una **parte de ti** permanece y vuelve a la vida. Esta parte de ti puede ser el alma, la conciencia o algo que esté conectado a una noción superior y que renace adoptando otra forma física. **La vida ya no es un fin,** sino más bien una etapa obligatoria dentro de un **ciclo eterno** de la vida, constantemente renovado.

Los registros akáshicos

Los registros akáshicos corresponden a una **biblioteca de archivo** en la que se conservan todas las informaciones de cada uno de los individuos que han vivido en la tierra. Estos archivos contienen cada uno de nuestros pensamientos, acciones, palabras, sentimientos e intenciones. Tienen, pues, una **influencia considerable** sobre nuestra vida cotidiana, nuestras relaciones, nuestros sentimientos, nuestros sistemas de creencias y las realidades potenciales que atraemos hacia nosotros. Este término es relativamente reciente, lo inventaron los teósofos en el siglo XXI.

Deriva del sánscrito *akasha*, compuesto por las palabras *aka*, que significa «lugar de almacenamiento», y *sa*, que significa «oculto o secreto». Así pues, la traducción más sencilla de *akasha* sería «un espacio o un lugar de almacenamiento invisible».

¿Sabías que un buen número de los problemas con los que te tropiezas en tu vida actual pueden tener su raíz en tus vidas pasadas?

Nuestro subconsciente (nuestra alma) **graba** y recuerda todo lo que hemos vivido, no solamente lo que hemos vivido en el transcurso de nuestra **vida actual,** sino también todo lo que hemos vivido en el transcurso de las vidas que hemos podido vivir hace cientos, incluso miles de años.

A menos que se liberen, esos **recuerdos almacenados** pueden reaparecer a lo largo de nuestra vida, e incluso pueden causar problemas en el transcurso de nuestras vidas actuales. Éste es el principio de **reactivación.**

Hemos vivido numerosas situaciones **traumatizantes y conmocionantes** en el transcurso de nuestras numerosas vidas. Los traumas que vivimos muchas veces crean **bloqueos** en nuestros cuerpos energéticos. Esos traumas y bloqueos pasados pueden acarrear multitud de problemas en nuestra vida actual, en particular miedos, fobias, dolores, enfermedades, alergias, accidentes, dificultades relacionales, sobrecarga ponderal e incluso problemas económicos y aun otros muchos más. Esto es lo que llamamos «**bloqueos kármicos**».

Por ejemplo, si una persona ha recibido un golpe grave en la cabeza durante una vida anterior, podría padecer dolores de cabeza en su vida actual. Si otra ha sufrido una herida en una pierna durante una vida pasada, podría sentir dolor, tener propensión a los esguinces o sufrir de algún tipo de debilidad en esa pierna, ¡o incluso presentar una mancha de nacimiento en el lugar de la herida pasada!

Dado que nuestra alma **se acuerda** de todo lo que hemos podido vivir, los recuerdos de nuestros traumas continúan acumulándose capa tras capa hasta que los **liberemos.**

Cuantos más traumas vivimos, más fácil es que nos encontremos con problemas en el transcurso de nuestra vida actual.

A veces, el simple hecho de **recordar** una vida anterior a *través del trabajo de un médium o en una sesión de hipnosis regresiva* basta para **sanar** los traumas de ésta. No obstante, a veces puede ser necesario **liberar** los traumas mediante el **trabajo de plena conciencia** o mediante un **tratamiento de liberación kármica.**

No olvides que la persona que **eres hoy** es una combinación de todas las personas que **has sido.** Tu vida actual, así como tus vidas pasadas, han modelado la persona que eres hoy. Explorar quién eras en el pasado es una ventana que se abre a una parte de quién eres hoy. Es, pues, una herramienta de progreso esencial.

La memoria celular

Cada célula de tu cuerpo contiene cientos de **líneas de información** relativa a todos los aspectos de tu ser, físicos, emocionales, mentales y espirituales. Esta **memoria celular** se actualiza constantemente a partir de tus vidas **pasadas** y de tu vida **actual,** hasta hoy. Tu vida cotidiana se va inscribiendo, día tras día, en lo más profundo de ti.

Cuando vives una experiencia traumática, tu cuerpo suprime la situación de estrés **almacenando** esa memoria en el interior de tus células. Después, muchas veces, unas horas más tarde, tú liberas a esas mismas células llorando, ahogándote (ese célebre «nudo» en la garganta) o temblando. Estas reacciones tienen, pues, una explicación fisiológica, que es la liberación de hormonas del estrés, pero también otra, más **energética o espiritual.**

No obstante, a veces esos recuerdos no se liberan nunca, o se liberan muchos años más tarde, porque, simplemente, son **demasiado traumáticos.** Aferrándonos a esos recuerdos negativos y reactivándolos, podemos provocar un desequilibrio en el cuerpo físico, que muchas veces puede manifestarse como una **condición patológica** física o emocional. A veces, esos recuerdos pueden parecernos triviales con la distancia, pero en su momento fueron lo bastante traumáticos como para quedar **«almacenados» en nuestras células.**

Cada vez que te vuelves a encontrar en condiciones o situaciones similares a las que tiene almacenadas tu memoria celular, te surge **la misma respuesta de ansiedad** que cuando las viviste la primera vez. Por ejemplo, puedes aferrarte a recuerdos negativos que se remontan a la infancia. Quizá estuviste a punto de ahogarte y tu «tú adulto» lo recuerda apenas de manera muy difusa, pero tú no comprendes por qué sufres tal angustia junto al agua. Imagínate, entonces, el **impacto** de los recuerdos de vidas anteriores o los que te han podido legar a través del ADN.

Del mismo modo, ciertos dolores o enfermedades pueden así tener su arraigo en **memorias celulares traumáticas** y expresarse físicamente: éste es el caso, que se ve muchas veces durante la exploración de vidas anteriores, de frecuentes dolencias digestivas debidas a un envenenamiento que produjo la muerte en una vida anterior, o también a grandes bloqueos sexuales inexplicados, que resultan de una violación sufrida varias vidas atrás.

El cuerpo físico y el cuerpo espiritual **influyen constantemente uno en el otro** y no forman realmente «dos cuerpos» separados, sino más bien un **conjunto constantemente conectado** cuyos elementos interactúan entre sí. Considerar uno de ellos sin tomar en cuenta el otro es tanto como considerar solamente **una sola cara de la misma moneda.**

De aquí nace el gran interés que tiene interesarnos en el conocimiento de nuestras vidas pasadas, así como de nuestras heridas, con el fin de encontrar **claves de comprensión** que nos permitirán liberarnos de esas heridas. En algunos casos, ya el simple hecho de ponernos al tanto de los acontecimientos pasados ayuda a que aflore y desaparezca la memoria kármica, pero a veces el buscar el acompañamiento de un especialista de confianza para **liberar esas memorias** puede revelarse como una ayuda inestimable. No obstante, no olvides que lo único que puede llevarte a un camino de ascensión y de liberación es tu trabajo personal hecho **con plena consciencia.**

PRESENTACIÓN DEL ORÁCULO

El oráculo se compone de 52 cartas divididas en dos categorías: las cartas de «Acontecimientos • Vínculos» y las cartas de «Civilizaciones • Épocas».

Las cartas de «Acontecimientos • Vínculos» revelan lo que ocurrió en tu vida anterior y su consecuencia en tu encarnación actual, mientras que las cartas «Civilizaciones • Épocas» te dan indicaciones **espaciales** y **temporales** sobre **dónde estabas** y **quién eras.**

En algunas de ellas indico palabras clave, personajes y verbos que podrán inspirarte para reescribir tu historia. No te quedes apegado solamente a la palabra que se indica en la carta; presta atención también a la ilustración, a lo que te inspira y a todo lo que aparece escrito en el libro.

Interpretar una tirada de una vida anterior tiene algo de contar una historia. Antes de tomar el mazo de cartas, imagínate que accedes a memorias antiguas, profundamente ancladas en el interior de tu alma.

Baraja las cartas, córtalas en tres montones, reúnelas en un solo mazo, sopla y da unos golpes con los nudillos en las cartas como si estuvieras llamando a la puerta de la biblioteca akáshica. Respira hondo tres veces y después haz la tirada.

LAS TIRADAS

Tirada de la pequeña epopeya

¿Cuándo utilizarla?

Esta tirada es para utilizarla cuando te apetece abandonarte a escribir tu propia historia de una vida anterior. Es un proceso creativo potente, que puede reconectarte con capacidades ocultas. Es la tirada adecuada para reservártela cuando te sientes potente y dispuesto a llevar al siguiente nivel tu proceso de desarrollo personal. Es interesante efectuarla con Luna nueva (símbolo de los comienzos, de la introspección y de la preparación del «después») e ir anotando en una libreta todas las tiradas de este tipo que hagas. Así podrás ver tu evolución dentro de tu proceso narrativo de introspección.

La puedes efectuar con tanta frecuencia como quieras, a condición de que te sientas a punto para ir a buscar en tu interior.

Las cartas aquí solamente sirven de soporte para inspirarte imágenes o recuerdos. Presta una atención particular a los símbolos, a las imágenes y a las palabras que te vengan espontáneamente a la mente. Tienes que «ser» tú la tirada y no ya simplemente «leerla».

Empieza tomándote unos minutos para vaciar tus pensamientos y escribir todo lo que te venga a la mente. Lista de la compra, situaciones de la vida cotidiana, emoción. Es una especie de calentamiento de tu mente para lo que va a seguir. Puedes asimismo escribir afirmaciones como «Voy a recordar una vida anterior significativa» o también «Me reconecto con lo que fui en una vida anterior».

¿Cómo proceder?

Ten un propósito. Es importante saber adónde quieres ir, en qué te quieres focalizar. En este caso, puede ser simplemente abandonarte y aceptar lo que te venga, o bien obtener una respuesta más precisa a una pregunta que te martillea, etc. Te corresponde a ti determinar esa intención de manera más o menos precisa. Dedica un momento a reflexionar. ¿Por qué has elegido esta tirada en particular? ¿Por qué sientes deseos de conocer tus vidas anteriores? ¿Qué buscas?

Una vez emitida esa intención, es importante que la escribas y la digas en voz alta. Que unas el gesto a la palabra. Después, toma el oráculo entre las manos y, tras haber soplado sobre él y haber dado tres golpes, saca seis cartas y colócalas delante de ti. Puedes mirar la descripción en el libro.

Finalmente, toma tu libreta. Aquí el truco está en escribir lo más rápido que se pueda, procurando detenerse lo menos posible para que no intervenga la mente. Céntrate en tu tirada. Y aunque no sepas qué decir, o aunque esos pensamientos te parezcan completamente ridículos, no te detengas. Escribe incluso palabras, colores, sensaciones físicas. Ya no es la reflexión –necesidad de ejercer algún tipo de control– la que está a los mandos, sino que es la parte creativa –el soltarse– la que guía tu pluma.

Una vez terminado el ejercicio, guarda tus notas como oro en paño y reléelas. ¿Provocan que surja dentro de ti alguna emoción? ¿Tienes imágenes que se te han quedado inscritas dentro? También podrás recibir informaciones gracias a los sueños que tengas.

Esta tirada es susceptible de perturbarte, no te sorprendas si en los días o semanas siguientes se operan cambios en tu vida.

Tirada sencilla

¿Cuándo utilizarla?

Esta tirada se aplica en el caso en el que desees saber cuál vida anterior es la que produce actualmente en ti el impacto más fuerte. Te permite comprender, reprogramar un funcionamiento, cambiar algo dentro de ti, sanar una herida que no comprendes..., las posibilidades son infinitas. Lo mejor es repetir esta tirada todas las semanas, en el mismo momento, durante un mes. Así podrás trabajar todos los aspectos de tu problemática y entrar en profundidad.

Esta tirada opera en el instante, ayudándote a tomar conciencia de lo que está en juego dentro de ti, pero sigue activa también en tu inconsciente durante las horas y los días siguientes. No dudes en anotar los sueños, las señales y las horas que salgan a la luz durante ese tiempo.

¿Cómo proceder?

Formula, en tu cabeza o en voz alta, tu intención o tu problema. Por ejemplo: «Me gustaría comprender lo que bloquea mi abundancia» o «¿Por qué me da miedo mudarme de casa?». Puedes asimismo escribirlo en una hoja y meterla debajo de la almohada la víspera de la tirada.

Inspira profundamente, baraja las cartas y espira. Da tres golpes en el mazo de cartas y después saca una carta de «Civilizaciones • Épocas» y una carta de «Acontecimientos • Vínculos».

Da la vuelta a la carta de «Civilizaciones • Épocas». ¿Qué sientes? Acoge las emociones, toma nota de lo que eso te inspira. Puedes escribirlo. Si no sientes nada, no importa, continúa con la tirada.

Da la vuelta a la carta de «Acontecimientos • Vínculos». ¿Qué sientes? Acoge las emociones, toma nota de lo que eso te inspira. Puedes escribirlo. Si no sientes nada, no importa, deja que tu inconsciente trabaje por ti.

Es importante que mantengas unos minutos las cartas bajo tu mirada, con el fin de impregnarte de ellas. A veces las que te hablarán serán las ilustraciones, mucho más que la carta en sí misma. Presta atención a los detalles.

Si puedes, no recojas las cartas hasta que logres encontrar alguna resonancia. Sé paciente, esto te puede llevar varios días.

Tirada del viaje

¿Cuándo utilizarla?

Esta tirada se recomienda cuando deseas interesarte por una vida en particular, ya sea porque posees algunos elementos o porque te atrae particularmente una época/civilización. Te permite entrar en profundidad y comprender las implicaciones de una vida en particular.

Funciona mejor cuando sientes una conexión particular con una época o con una civilización, porque te permite aclarar las razones de que esto sea así.

¿Cómo proceder?

Saca una sola carta de «Civilizaciones • Épocas». También la puedes escoger, si tienes una idea precisa de lo que deseas. Mírala con precisión, sopla sobre ella y déjala que se impregne de tus vibraciones.

Métela en el mazo de «Acontecimientos • Vínculos». La tirada la vas a hacer solamente con estas cartas.

Mezcla y baraja el mazo, después da tres golpes encima.

Busca entonces tu carta de «Civilizaciones • Épocas» dentro del mazo. Una vez encontrada, saca las dos cartas que la preceden y las dos cartas que la siguen.

Así puedes reconstruir la historia de esa vida anterior y ver qué fue lo que la impactó con más fuerza. Deja que aflore todo lo que venga: recuerdos, pensamientos, emociones, imágenes y sonidos.

Tómate unos minutos al final de la tirada para meditar y dejar que actúe dentro de ti lo que has visto. Este momento de calma es importante, porque es ahí donde ocurre todo. No busques, no pienses. Deja emerger lo que venga. Acoge dentro de ti lo que ocurre.

Tirada del gran viaje

¿Cuándo utilizarla?

Puedes utilizar esta tirada si eres un profesional que desea explorar las vidas anteriores de un consultante, o cuando deseas completar tu trabajo mediante una tirada que pueda precisar tus resultados; o también cuando te apetezca estudiar tus vidas anteriores con más profundidad e iniciar una inmersión en tu pasado.

Es preferible efectuar esta tirada con Luna nueva, así como en lunes. Evidentemente, la puedes hacer en cualquier momento, pero elige un instante de calma en el que puedas dejar vagabundear a tu mente.

Es aconsejable no hacerla más de una vez al mes.

¿Cómo proceder?

Baraja el mazo de cartas y sopla sobre él. Da tres golpes en el mazo.

Saca tres cartas de «Civilizaciones • Épocas». Representan las tres vidas que han tenido el impacto más fuerte en tu vida actual.

Saca tres cartas de «Acontecimientos • Vínculos». Corresponden a aquello que ha producido impacto en la primera carta de «Civilizaciones • Épocas».

Es aconsejable tomarse unos minutos para reflexionar sobre ello. Igualmente puedes intentar escribir las primeras palabras que te vengan a la cabeza.

Estas tres cartas de «Acontecimientos • Vínculos» se devuelven al mazo y se mezclan y barajan de nuevo las cartas. Sopla sobre el mazo y da tres golpes.

Saca tres cartas de «Acontecimientos • Vínculos». Corresponden a aquello que ha tenido impacto sobre la segunda carta de «Civilizaciones • Épocas».

Es aconsejable tomarse unos minutos para reflexionar sobre ello. Asimismo, puedes intentar escribir las primeras palabras que te vengan a la cabeza.

Estas tres cartas de «Acontecimientos • Vínculos» se devuelven al mazo y se mezclan y barajan las cartas de nuevo. Sopla sobre el mazo y da tres golpes.

Saca tres cartas de «Acontecimientos • Vínculos». Corresponden a aquello que ha tenido impacto sobre la tercera carta de «Civilizaciones • Épocas».

Es aconsejable tomarse unos minutos para reflexionar sobre ello. Asimismo, puedes intentar escribir las primeras palabras que te vengan a la cabeza.

Es posible que vuelvan a salir las mismas cartas de «Acontecimientos • Vínculos». Eso es que se repite un acontecimiento en varias encarnaciones, y que el vínculo kármico no se llega a cortar. Es, pues, un poderoso lazo. Préstale una atención particular.

Tómate tiempo para reflexionar sobre los resultados de esta tirada. Las aclaraciones te pueden llegar en forma de sueños o de sincronicidades. Mantente alerta.

Tirada del espejo: Sanar una relación

¿Cuándo utilizar?

Esta tirada se aconseja cuando deseas comprender las dinámicas de una relación, ya sea personal (tu padre, tu hermana, tu esposo) o transpersonal (relación con la familia, relación con los compañeros, relación de pareja en general). La acción es prácticamente inmediata y se produce en un nivel consciente e inconsciente. Esta tirada trastorna mucho y es aconsejable no hacerla más de una vez al mes.

¿Cómo proceder?

Elige la relación cuya evolución quieres propiciar. Aún es mejor ilustrarla, por ejemplo, mediante una foto de la o las personas afectadas. Coloca esa foto en la parte superior de la tirada.

Se sacan tres cartas de «Civilizaciones • Épocas».

- **Carta 1:** Se trata del lugar y del tiempo en el que la relación estaba más activa.
- **Carta 2:** Se sitúa a la izquierda. Se trata de la persona que eras tú y del lugar que ocupabas en la sociedad. Puedes determinar con el péndulo si eras hombre o mujer.
- **Carta 3:** Se sitúa a la derecha. Se trata de la persona que era el otro y del lugar que ocupaba en la sociedad. Puedes determinar con el péndulo si era hombre o mujer.

Se sacan seis cartas de «Acontecimientos • Vínculos».

- **Cartas 4, 5, 6:** Se trata de tres acontecimientos decisivos que viviste en la relación con tu pareja. Tienen actualmente un impacto directo en tu dinámica de relaciones.
- **Cartas 7, 8, 9:** Se trata de tres acontecimientos decisivos que vivió el otro en su relación contigo. Influyen en la manera de actuar de tu pareja.

Tómate unos minutos para dejar que esta tirada actúe dentro de ti. Este momento es importante, porque es ahí donde ocurre todo. No pienses, deja que aflore por sí solo lo que venga: recuerdos, pensamientos, emociones, sonidos e imágenes. Acoge las emociones.

Puedes dejar varios días la tirada descubierta, sin guardar las cartas inmediatamente.

LAS CARTAS «ACONTECIMIENTOS • VÍNCULOS»

1. Traición, acusaciones falsas • Herida de traición

En tu vida anterior, te traicionó una persona de tu entorno. Ya fuera a través de un secreto revelado, una infidelidad o una mentira, tú montaste en cólera porque tenías confianza en esa persona y se mostró indigna de ella. El hecho de haber sido tan inocente puede suscitar un sentimiento de culpa en ti. La traición tuvo fuertes repercusiones en tu vida anterior.

- **Palabras clave:** Envidia, celos, rivalidad, tentación, veneno, malos consejos.
- **Verbos:** Traicionar, decepcionar, divulgar, revelar, denunciar, entregar, defraudar.
- **Personajes:** Rival, estafador, falso amigo, ex, hostigador, persona no conformista, denunciante, colaborador, mujer de experiencia o de más edad, mujer fatal, mentiroso, controlador.

Vínculo con la vida actual: La herida de traición

La herida de la traición es un sufrimiento emocional ligado al miedo permanente a ser traicionado, engañado y abandonado. Tú buscas siempre sentirte especial e importante, tienes una personalidad fuerte. Sientes la necesidad de controlar a los demás, como también tu entorno.

Puedes mostrarte seductor, incluso manipulador. Montas en cólera con facilidad. No muestras tus debilidades ni tus inseguridades. Eres extremadamente duro contigo mismo, pero también con los demás. Te gusta tener razón siempre y te cuesta negociar. Es todo o nada. No dejas sitio a la improvisación y te gusta dirigir tus relaciones, aunque te agote.

Para hacer evolucionar esta herida, hay que trabajar el soltar y aprender a manejar la propia ira. También hay que aprender a dejar que los demás ocupen su sitio, aceptar sus defectos y lo que no nos conviene.

Debe trabajarse una apertura mental más grande.

2. Separación, duelo • Herida de abandono

En tu vida anterior, viviste con dificultad la desaparición de alguien cercano. Ya sea a través de la muerte de un ser querido o bien de la partida definitiva de un ser amado, esas separaciones te rompieron el corazón y dejaron marcas indelebles en tu alma. No aceptaste esa fase de tu vida, no dejando sitio a la necesaria renovación. Solamente permaneció la angustia, lo cual dejó tu alma en un estado de tristeza permanente.

- **Palabras clave:** Conclusión, final, acabamiento, pasado, pensamientos repetitivos, trampas, enterrar lo que es doloroso, enfermedad o depresión, dependencia afectiva, estancamiento, *impasse*, inmovilismo, rechazo del duelo, pérdida, etapa que superar, fin de una época.
- **Verbos:** Alejar, escindir, zanjar, segmentar, disociar, compartimentar, quebrar, alejar, espaciar, seccionar, morir, desglosar, desunir, descomponer, acabar, rematar, enterrar.
- **Personajes:** El vampiro energético, el dependiente, el que quiere gustar a cualquier precio, el estresado, el angustiado, el retrógrado, el viejo, el antepasado, el empático.

Conexión con la vida actual: La herida del abandono

Tú existes a través de los demás y haces lo que sea para atraer hacia ti su atención y sus favores. Tienes dificultades para hacer las cosas tú solo, y buscas la validación incluso de la más pequeña de tus acciones.

Estando en grupo, puedes querer que todas las miradas converjan en ti. Tienes comportamientos teatrales, e incluso puede que enfermes, ocasión soñada para atraer la atención y los cuidados de tus seres cercanos. Puedes asimismo tener miedo pánico a la separación, a la soledad o a perder a quienes amas.

Tienes la impresión de que siempre tienes que hacer «más» para que los demás te amen, y que nunca te amarán tanto como los amas tú. Careces de límites para con los demás y no consigues decir que no. Eres capaz de asumir muchas responsabilidades con el fin de que el otro necesite tu presencia. Donde más se expresa esta herida es en la pareja, porque sufres de dependencia afectiva. Delante de tu pareja, te anulas por completo. Ya no tienes pasiones y te adaptas a todas sus necesidades, olvidándote por completo de ti. Para hacer evolucionar esta herida, te invito a trabajar la autonomía, procurando realizar actividades en soledad, únicamente por la dicha de estar alineado contigo. Debe cultivarse la afirmación de los propios gustos y necesidades.

3. Diferencia • Herida de rechazo

En tu vida anterior te sentiste diferente de las personas que te rodeaban. Esa diferencia podía ser física (discapacidad, rasgos atípicos o mal considerados según la época –por ejemplo, ser pelirrojo en la Edad Media–), pero también psicológica. Asimismo, podías tener capacidades que se salían de lo ordinario y suscitaban tanto admiración como miedo.

Esta diferencia te marginó y no pudiste desarrollar tu vida sintiéndote aceptado y comprendido.

- **Palabras clave:** Distancia, divergencia, diversidad, variedad, alteridad, contradicción, antagonismo, separación, tensión, exclusión, destierro, diferente, genio, expulsión, rechazo, incomprendido.
- **Verbos:** Arrojar, negar, reprobar, echar fuera, excluir, excomulgar, recusar, proscribir, repudiar, oponerse, desmarcarse.
- **Personajes:** Marginados, originales, magos, brujos, personas aparte, superdotados, genios, personalidades desplazadas, personas ingeniosas, personas que huyen de la realidad, personas que tienen pasiones que ocupan el centro de su vida.

Conexión con la vida actual: La herida del rechazo

Eres exigente contigo mismo, dudas de tu valor interno, a veces te sientes negado. Te aíslas de los demás, pero las más de las veces te sientes solo. Tienes una necesidad tremenda de los demás, pero no sabes cómo relacionarte con ellos. Sientes necesidad de huir de lo que te hace tanto daño. Tienes la impresión de no merecer cosas bonitas. No te sientes deseado o amado por lo que eres. Eres sensible a la crítica y te sientes profundamente herido por las observaciones que se te puedan hacer. Tienes tendencia a huir de los problemas o a hacer como si la cosa no te hiriera.

Puedes ser masoquista en las relaciones y dejarte maltratar sin por ello ponerles término. Te cuesta mucho trabajo decir que no.

Para hacer evolucionar esta herida, hay que empezar por aprender a asumir uno sus responsabilidades y a aferrarse a las cosas. Pelea para obtener lo que quieres y afirma que te mereces todas las cosas buenas que te suceden.

4. Desigualdad, abuso • Herida de injusticia

En tu vida anterior, sufriste profundas injusticias que marcaron tu camino. Los abusos perpetrados contra ti atentaron contra tu dignidad, tu vida de familia o tu supervivencia. No mereciste el trato que se te infligió. Te maltrataron y experimentaste un intenso sentimiento de injusticia.

Estimas que eras digno de mucha mejor suerte, y que la vida decidió otra cosa.

- **Palabras clave:** Deslealtad, no ser de recibo, inadmisible, indigno, vergüenza, ilegítimo, malo, maldad, injustificable, inaceptable, abuso, odioso, mal alineado, cosas no perdonadas, remordimientos, rectificaciones.
- **Verbos:** Verificar, ensuciar, calumniar, reprobar, acusar, enmarañar, entorpecer, destartalar, intentar, reprochar, ennegrecer, atacar.
- **Personajes:** Tirano, ladino, persona hipócrita, el prisionero inocente, el arrepentido, el maltratado, el director de un colegio o de una institución religiosa.

Conexión con la vida actual: La herida de injusticia

Eres exigente hasta el extremo contigo mismo, no respetas tus propios límites. Eres un optimista: incluso cuando ya nada funciona y todo se derrumba, tú siempre das la impresión de que todo va de la mejor manera. Estás constantemente en acción y rara vez manifiestas tu sensibilidad. Te cuesta pedir ayuda. Puedes mostrar cierta rigidez bajo una apariencia de flexibilidad. Te justificas constantemente e intentas encontrarles razones válidas a todos tus comportamientos. Tienes necesidad de perfección en todo lo que te rodea, aunque sea a costa de someterte a una gran presión. No te concedes tiempos de calma o de placer. Siempre te pides más.

La satisfacción del deber cumplido es para ti más importante que la alegría. Te cuesta mucho esfuerzo comprender tus límites.

Para hacer evolucionar esta herida, tienes que aprender a identificar tus emociones y a vivirlas plenamente. Aprende a aceptar el error y abraza tu vulnerabilidad.

5. Vergüenza • Herida de humillación

En tu vida anterior fuiste víctima de un acontecimiento que te hizo sentirte peor que a los demás. Ese acontecimiento (o bien las condiciones de vida en las que evolucionaste) te sumió en un estado de falta de confianza permanente y te dio la impresión de que no mereces el amor de las personas que tienes a tu alrededor. Tu dignidad quedó tocada en lo más hondo y aún llevas los estigmas.

- **Palabras clave:** Deshonor, desvalorización, mofas, ofensas, ultraje, oprobio, envilecimiento, mortificación, vergüenza de uno mismo, rechazo al propio cuerpo, un cuerpo diferente, degradación, lealtad, obediencia, confianza, fidelidad, abnegado, amor platónico.
- **Verbos:** Tragarse las emociones, deshacerse en excusas, postrarse, aplastarse, inclinarse, amoldarse, respetar, ceder.
- **Personajes:** Amigo cercano, ayuda, conocimiento, íntimo, compañero, hermano, colega, confidente, animal de compañía.

Conexión con la vida actual: La herida de humillación

Haces de todo para ser libre, pero eres muy servicial y acabas haciendo favores a todos los que tienes cerca. Eres hipersensible y tienes una relación cercana con tu madre. Eres sensual y tienes apego al placer de los sentidos, pero te reprimes para no descontrolarte. En esos casos te sientes terriblemente culpable. Te falta confianza en ti. Tienes el miedo permanente de que te juzguen mal y de que te denigren. A veces sientes que se burlan de ti. Sientes con facilidad que te rechazan o te dejan de lado. La timidez puede estar presente. Puedes caer en la generosidad extrema para intentar conservar a los demás por lo mucho que crees que la gente no se quedaría contigo. A veces puedes presentar agresividad

porque atacas antes de que te puedan alcanzar. Puedes tener comportamientos autodestructivos.

Para hacer evolucionar esta herida, hay que trabajar la autoestima y aprender a llevar menos carga en los hombros. También hay que saber decir que no y dejar de estar siempre sirviendo a los demás. Corta con la autoflagelación y con la desvalorización interna.

6. Opresión religiosa
• Bloqueo del chakra corona

En tu vida anterior, las instituciones religiosas te impusieron un modo de vida que no era adecuado para ti. No tuviste la libertad de ser tú mismo ni de expresarte como quisieras. A veces esas instituciones te maltrataron porque tus opiniones eran demasiado diferentes.

Pudo haber una percepción de Dios como vengador y como alguien que juzgaba severamente las acciones. Ese Dios paternalista y malvado te dejó profundamente asqueado de lo religioso y de todo lo que se refiera al mundo espiritual.

- **Palabras clave:** Persecuciones de brujas, Inquisición, templarios, cruzadas, guerras de religión, Reconquista, miedo, angustia, secreto, fe, esperanza, no libertad, fuego, quemado vivo, escondite.
- **Verbos:** Creer, tener esperanza, ocultar, disfrazar, convertirse por la fuerza, camuflar, hacer desaparecer.
- **Personajes:** Clero, religiosas, monjas, judíos, mártires de religión, personas que tienen que exiliarse ante la amenaza religiosa, personas que se esconden para practicar su religión, brujas durante la Inquisición.

Conexión con la vida actual: El bloqueo del chakra corona

Tu chakra corona quedó impactado por estos acontecimientos. Lo cual puede conllevar dificultades con el ego, tales como sentimientos de soberbia y de arrogancia. Tu ambición te puede impulsar a aplastar a las personas que tienes alrededor y a abusar de tu poder. Tú te mantienes impasible como el mármol frente a los sufrimientos de los demás y puedes mostrar intolerancia. Para ti, nada es culpa tuya y eres fácilmente irritable. En otros casos, una necesidad excesiva de reconocimiento suscita en ti

un sentimiento de inferioridad (física o mental). Algunas personas podrán mostrar signos de mitomanía o de depresión.

Los miedos dominantes del chakra corona bloqueado son el miedo a la separación y también el miedo a la soledad.

Físicamente, las personas que tienen bloqueado el chakra corona podrán somatizar a través de articulaciones dolorosas o rígidas.

7. Magia negra • Bloqueo del chakra del tercer ojo

En tu vida anterior fuiste víctima de un maleficio. Por envidia, por codicia o incluso por pura maldad, padeciste las maquinaciones de una persona instruida en las artes ocultas. Ese sortilegio conllevó para ti la pérdida de un amor, de tu salud o incluso de tu abundancia material, dejándote en un estado de indigencia de lo más terrible.

En otros casos, fuiste tú mismo el autor de sortilegios peligrosos. Haciendo caso omiso de tu conciencia, intentaste manipular a tu entorno, sin cuidarte del libre albedrío ni del orden de las cosas.

- **Palabras clave:** Hechizo, vudú, satanismo, sacrificios, maleficios, ambición.
- **Verbos:** Crear, destruir, deprimir, hacer que se mueva, romper los códigos.
- **Personajes:** Brujo, hechicero, manipulador y manipulado, persona seductora.

Conexión con la vida actual: El bloqueo del chakra del tercer ojo

Tu chakra del tercer ojo quedó impactado por estos acontecimientos. Lo cual puede acarrear dificultades con el ego, tales como la necesidad de poseer y de acumular. Tu necesidad de intelectualizar continuamente puede impulsarte a percibir en primer lugar los elementos negativos o a dudar de la sinceridad de los demás. Ya no consigues conectarte con tu intuición natural y careces de receptividad en tus vínculos afectivos. Te compadeces de tu suerte y rara vez sientes satisfacción.

Los miedos dominantes del chakra del tercer ojo bloqueado son el de no lograr tu misión o tu vocación y el de no encontrar el «objetivo» o dispersarse.

Físicamente, las personas que tienen bloqueado el chakra del tercer ojo podrán somatizar a través de migrañas, sinusitis, trastornos visuales o trastornos de la memoria.

8. Voto de silencio
• Bloqueo del chakra de la garganta

En tu vida anterior hiciste voto de silencio. Te prohibiste hablar, ya sea porque entraste en una hermandad monástica que imponía el silencio, ya sea porque te apetecía cortar el contacto con los demás, las más de las veces para acercarte a lo divino.

Ese voto de silencio pudo haber sido elegido con toda conciencia o haberte sido impuesto a tu pesar.

- **Palabras clave:** Secreto, discreción, subterráneo, íntimo, catacumbas, confidencial, sociedades secretas.
- **Verbos:** Pregonar, decir, parlotear, callarse, guardarse de revelar la verdad, silenciar.
- **Personajes:** El duro de oído, la persona muda, el clandestino, el que pasa desapercibido, el ausente, el indiferente, el parlanchín, la persona que no deja de llevar rumores de acá para allá, el espía.

Conexión con la vida actual: El bloqueo del chakra de la garganta

Cuanto más forzado ha sido el voto de silencio, más significativo será el bloqueo.

Tu chakra de la garganta quedó impactado por estos acontecimientos, lo cual puede acarrear desequilibrios del ego, tales como el egocentrismo o la impaciencia. Puedes mostrar frialdad o puede costarte trabajo darte a entender. Al ser un parlanchín intempestivo o por el contrario tímido en exceso, en ti falta la expresión. En algunos casos, puedes deformar la verdad (intencionadamente o no) o, por el contrario, buscar la verdad de manera obsesiva, despreciando una percepción más holística. Algunas

personas podrán sufrir de dificultades de expresión (escrita u oral, como la dislexia o la afasia).

Los miedos dominantes del chakra de la garganta bloqueado son el miedo a quedarse estancado y el miedo a retroceder.

Físicamente, las personas que tienen bloqueado el chakra de la garganta podrán somatizar a través de dolores en los trapecios o las cervicales o desarreglos tiroideos.

9. Corazón roto • Bloqueo del chakra del corazón

En tu vida anterior viviste un intenso sufrimiento psicológico por la pérdida de un ser querido, ya fuera a resultas de un fallecimiento, de un divorcio, de una separación, de una traición o de un amor no compartido.

Puede experimentarse ese sentimiento respecto a un miembro de la familia, un cónyuge, un amante, una amistad cercana o incluso un animal de compañía que compartió tu vida anterior.

Ese dolor te dejó sumido en un estado de letargo, de aislamiento, incluso de depresión. Tu vida se transformó para siempre.

- **Palabras clave:** Afligido, amargado, pesar, ruptura, promesa no mantenida, engaño.
- **Verbos:** Oscurecerse, contrariarse, bloquearse, llorar, sentirse impotente, hacer trizas, demoler.
- **Personajes:** Persona que espera indefinidamente, el dependiente afectivo, el viudo/la viuda, el solterón/la solterona.

Conexión con la vida actual: El bloqueo del chakra del corazón

Tu chakra del corazón quedó impactado por estos acontecimientos. Lo cual puede acarrear excesos de ira o de irritabilidad. Puedes sentirte incapaz de tomar una decisión, tener una actitud de vacilación constante. Sientes necesidad de protegerte, a veces con desconfianza, prejuicios o incluso envidia hacia los demás. En algunas personas, este bloqueo se manifiesta como hipersensibilidad, con dificultad para emprender relaciones interpersonales. En otros casos, el bloqueo aparta a la persona de los acontecimientos externos y acarrea un desequilibrio emocional.

Los miedos dominantes del chakra del corazón bloqueado son: el miedo al rechazo, al abandono, a la pérdida de libertad o también a la soledad.

Físicamente, las personas que tienen bloqueado el chakra del corazón pueden somatizar a través de una fatiga permanente, patologías cardiopulmonares, arritmias cardíacas o dificultades de cicatrización.

10. Sin derecho a la felicidad • Bloqueo del chakra del plexo solar

En tu vida anterior, no te diste la autorización para ser feliz. Tenías la certeza de que alguien o algo tenía el poder de decidir por ti. Puede tratarse de tus padres, tus amistades, tu familia...; en todo caso, no fuiste ni libre ni autónomo en lo que elegiste. A veces pensabas que la felicidad le pertenecía a Dios o a alguna fuerza superior.

En otros casos, tienes la íntima convicción de que eras alguien malvado, malo, lleno de defectos, y que incluso cometiste acciones poco loables. Así, pensabas que tenías que pagar por tus acciones.

- **Palabras clave:** Melancolía, monotonía, aburrimiento, depresión, pasividad, instituciones, administrativo.
- **Verbos:** Desanimarse, hundirse, desesperarse, esperar.
- **Personajes:** El depresivo, el psicorrígido, el quisquilloso, la directora de escuela, el guardia de la cárcel.

Conexión con la vida actual: El bloqueo del chakra del plexo solar

Tu chakra del plexo quedó impactado por estos acontecimientos. Lo cual puede acarrear desequilibrios del ego, tales como sentimientos de inferioridad o de superioridad. Careces de capacidad de adaptación y puedes mostrarte arrogante en lo intelectual. Tu exagerada necesidad de análisis y tu preocupación por el detalle te hacen incapaz de tomar distancia y te concentran en los problemas en lugar de buscar soluciones. Tu obstinación en mantener una actitud cartesiana te hace carecer de empatía y puede llevarte a complicarte la vida inútilmente. En ciertos casos, lo que aflora es un rechazo rotundo de la espiritualidad.

Los miedos dominantes del chakra del plexo solar bloqueado son: el miedo al fracaso, a la humillación y a ser ignorado.

Físicamente, las personas que tienen bloqueado el chakra del plexo podrán somatizar a través de problemas intestinales y de digestión.

11. Esterilidad, violación • Bloqueo del chakra sagrado

En tu vida anterior sufriste golpes traumáticos contra tu cuerpo sexuado. Ya sea a través de agresiones sexuales o violaciones que no se llegaron a saber o no se castigaron, ya sea mediante una esterilidad que trajo consigo deshonor y desvalorización social.

En estos dos casos, tú no eras responsable en modo alguno, pero pensabas lo contrario.

- **Palabras clave:** Abusos sexuales, violaciones, violencia, cuerpo bloqueado, vergüenza de uno mismo, miedo al género opuesto, excesos, problemas de peso, aborto provocado, aborto espontáneo.
- **Verbos:** Depender, gozar, hacer el amor, adorar, tocar, comer.
- **Personajes:** El donjuán, la prostituta, el hedonista, el adicto a las drogas, el discípulo, el fan.

Conexión con la vida actual: El bloqueo del chakra sagrado

Tu chakra sagrado quedó impactado por esos acontecimientos. Lo cual puede acarrear desequilibrios del ego, tales como los celos excesivos. Hacen su aparición dependencias del sexo, de los juegos de azar o de las drogas. Pueden existir asimismo vínculos patológicos con el alimento: glotonería o anorexia/bulimia. En algunas personas, el bloqueo del chakra sagrado se manifiesta mediante frigidez, impotencia o la necesidad exagerada de cuidar el propio cuerpo. Finalmente, en otras personas, el bloqueo se manifiesta a través del fanatismo hacia un ídolo o un maestro.

Los miedos dominantes del chakra sagrado bloqueado son: el miedo a comprometerse, el miedo a aburrirse o el miedo a perder el control.

Físicamente, las personas con el chakra sagrado bloqueado podrán somatizar a través de cánceres de mama o de útero, dolores lumbares o enfermedades de los órganos genitales.

12. Esclavitud, servilismo • Bloqueo del chakra raíz

En tu vida anterior estuviste sometido al yugo y la obligación de obediencia hacia otras personas. Estabas en una situación de inferioridad según un referente externo. Así pues, no tenías autonomía, ni siquiera sentimiento de dominio sobre tu propio destino. Tu lugar en el universo tampoco estaba definido, dado que iba totalmente ligado a la buena voluntad del otro. Te sentiste desposeído de lo que te correspondía, mientras estabas sumido en una imposibilidad material de reaccionar. Se creó un conflicto interno.

- **Palabras clave:** Inseguridad, necesidades primarias, lugar de vida, dinero.
- **Verbos:** Alimentarse, amamantar, consumir, cebarse.
- **Personajes:** El glotón, el ansioso, el que tiene miedo de perderlo todo, el enganchado a los juegos de dinero, el alcohólico.

Conexión con la vida actual: El bloqueo del chakra raíz

Tu chakra raíz quedó impactado por estos acontecimientos. Lo cual puede acarrear un apego exacerbado por las normas, las reglas o las estructuras; una necesidad excesiva de organización y de planificación. En algunas personas, el bloqueo se manifiesta mediante el gusto por el secreto y los misterios, tendencia a la superstición, vanidad o autojuicio. En otras, el bloqueo se traduce en ira, rencor, envidia o avaricia.

Los miedos dominantes ligados al chakra raíz bloqueado son: el miedo al cambio, así como el miedo a la carencia.

Físicamente, las personas que tienen bloqueado el chakra raíz pueden somatizar a través de crisis de pánico, hipotensión/hipertensión o comportamientos del trastorno alimentario.

13. Voto de pobreza • Bloqueo de la abundancia

En una vida anterior hiciste voto de pobreza. Renunciaste a poseer bienes materiales por deseo de acercarte a lo divino.

En otros casos, ese voto fue contraído porque asociaste la riqueza con la infamia. Imaginaste que el dinero era una energía nefasta, que traía consigo su cargamento de desgracias. De modo que rechazaste con plena consciencia toda prosperidad material, intentando conformarte con lo mínimo y ofreciéndote una vida frugal en todos sus aspectos.

- **Palabras clave:** Debilidad, carencia, banalidad, deficiencia, ausencia, ruina.
- **Verbos:** Abstenerse, restringirse, retenerse, impedirse.
- **Personajes:** El mísero, el austero, el avaro, el contable.

Conexión con la vida actual: El bloqueo de la abundancia

El dinero y las posesiones materiales no son solamente bienes físicos. Son energías, como todas las demás que están en esta tierra. La abundancia es el excedente de esta energía material: es tener y poseer más de lo imprescindible. Esta demasía permite acceder a las oportunidades que se presentan.

Sin abundancia no hay posibilidad de progreso. El bloqueo de esta energía nos coloca sin cesar frente a límites físicos que impiden el florecimiento y el desarrollo personal.

Existen dos tipos de bloqueo de la abundancia: la carencia, en la que no tienes acceso al dinero suficiente para permitirte prosperar; y lo opuesto, situación en la que sí está presente el dinero, pero uno lo acumula sin cesar en previsión de los días de la vejez o por miedo a un no-sé-qué.

14. Voto de celibato-castidad • Rechazo de la pareja

En tu vida anterior hiciste voto de castidad. Renunciaste a la energía sexual y consideraste el celibato como único acceso a la vida espiritual. Este voto no siempre se limita a la esfera religiosa y también puede significar que, en tu vida anterior, elegiste deliberadamente no estar nunca en pareja ni prestar atención a tu vida sexual.

- **Palabras clave:** Inocencia, pureza, ascetismo, virginidad, vaginismo, himen.
- **Verbos:** Retenerse, obligarse, impedirse, resistir, excitarse.
- **Personajes:** El monje, la monja, el gurú, la virgen consagrada, la sacerdotisa/el sacerdote, el brujo, el penitente, el eyaculador precoz, la frígida.

Conexión con la vida actual: Rechazo de la pareja

La pareja es, por antonomasia, el lugar en el que te vas a confrontar con tu realidad dual. El otro te completa y te devuelve el reflejo de partes de ti mismo que pueden ser dolorosas. La vida sexual, por su parte, es un poderoso centro de creatividad y de energía, y cortarlo es tanto como cortar un canal esencial para nuestra expresión.

En tu vida actual, puedes experimentar dificultades para relacionarte con el otro. No consigues encontrar tu sitio. Te sientes ahogado y puedes autosabotear tu relación de pareja sin comprender por qué.

15. Voto de obediencia • Dificultad de expresión

En tu vida anterior contrajiste un voto de obediencia. Renunciaste a tu libre albedrío, así como a tu libertad de elección, y dejaste que la autoridad de un tercero fuera la única que ejerciera su poder en tu mente. Lo consentiste libremente, contrariamente a la carta «Esclavitud/servilismo». Asociaste esta sumisión a un acceso mayor a lo divino. La docilidad iba a la par con la buena acción.

- **Palabras clave:** Templanza, prudente, «quien calla otorga», factor de apaciguamiento, medios de transporte.
- **Verbos:** Moderar las pretensiones, hacer concesiones, ceder, aceptar.
- **Personajes:** El sabio, el dulce, el filósofo, el alumno, el discípulo, el diplomático, el mediador, el vendedor.

Conexión con la vida actual: La dificultad de expresión

En tu vida actual, te cuesta expresar tu verdad. O te pasas o no llegas. Tienes la impresión de tener que estar siempre justificándote y de no elegir el momento adecuado para expresar tus emociones. Por lo mismo, las reprimes hasta el momento en que todo estalla. A veces te encuentras en situaciones indeseables únicamente porque no has manifestado tu negativa. Te puedes pasar horas preparando una conversación en tu mente. Tus emociones prevalecen y te sientes inadecuado.

Intenta desarrollar la comunicación no violenta: expresa lo que sientes sin reproche, comunicando lo más posible tus emociones y formulando tus necesidades de manera clara. No esperes a que reviente todo.

16. Manipulación • Desconfianza

En tu vida anterior fuiste víctima de un manipulador.

Esta persona te arruinó, se burló de ti o de tus sentimientos y jugó con tus emociones. Tú no lo viste venir.

En otros casos, la manipulación se mantuvo a lo largo de toda tu vida anterior y tú no te diste cuenta de nada. Tu ingenuidad te mantuvo en una mentira permanentemente.

- **Palabras clave:** Astuto, mentira, discreción, deshonestidad, provecho, prudente, fraude, disfraz.
- **Verbos:** Jugar con, burlarse de, extorsionar, desinformar, confundir, mezclar, mostrarse más avispado, conspirar.
- **Personajes:** El mago, el mentiroso, el narcisista perverso, el predador, el vigilante, el insidioso.

Conexión con la vida actual: La desconfianza

La representación que tienes del otro en tu psique es la de un peligro. Estás siempre en guardia y nunca te relajas totalmente. Te preguntas siempre si la gente no estará maquinando de antemano algo que a ti podría hacerte daño en el futuro. Estás en un estado de estrés inconsciente y no consigues actuar con toda libertad. Sometes al otro a pruebas o test para sentir seguridad. Nadie se merece eso. El otro ahora ya no es un recurso ni un medio de compartir con buena intención. La complementariedad está refrenada y tú procuras evitar la necesidad del otro, que, no obstante, es esencial en la vida encarnada. Esta representación errónea atrae hacia ti a personas malintencionadas, que validan una y otra vez esa percepción angustiosa que tienes. Pones a los demás a distancia y evitas las situaciones de intimidad.

Intenta desarrollar con plena consciencia los pensamientos alternativos: mejor que imaginar malas intenciones, plantéate una alternativa benévola: ¿y si esta persona buscara simplemente ser amada? ¿Y si, simplemente, no hubiera comprendido?

17. Encierro • Miedo al compromiso

En tu vida anterior, fuiste encerrado. O bien te internaron en una institución psiquiátrica o estuviste confinado en tu casa durante un largo período de tiempo.

Este encierro ha coartado severamente tu libertad. Tú has aspirado a una vida normal sin tener el mínimo apoyo a tu alrededor para reinsertarte.

- **Palabras clave:** Encarcelamiento, reclusión, encierro, miedo, locura.
- **Verbos:** Tabicar, encerrar, cerrar, poner barreras, repetir los mismos errores, escaparse.
- **Personajes:** El loco, el prisionero, el claustrofóbico.

Conexión con la vida actual: El miedo al compromiso

En tu vida actual, todas las situaciones de compromiso se perciben como renuncias a tu libertad. Eres capaz de sabotear contratos de trabajo (que, no obstante, al principio te gustan), relaciones de pareja (en general, siempre antes de la pedida o de una boda) o incluso el que vengan niños (problemas para quedar embarazada, cuidar al bebé o incluso cuidar a los niños, depresión posparto que se prolonga...). Las situaciones pueden resultar dramáticas, porque tienes la impresión de que siempre se te niega el acceso a la felicidad en el último momento, *in extremis*.

Intenta identificar ese miedo y admitirlo. No precipites las cosas forzándote inútilmente, aprende más bien a concentrarte en los aspectos positivos de tus compromisos. Relativiza los errores de los demás y concédeles espacio para el cambio.

18. Robo, ruina • Miedo a la carencia

En tu vida anterior sufriste robos de tus bienes materiales. Esos robos te sumieron en una profunda indigencia y te encontraste en una miseria que te provocó un duro sufrimiento.

En otros casos, pertenecías a una clase social alta (nobleza, burguesía), cuando, repentinamente, te arruinaste. Ya fuera por una catástrofe o por un revés de la fortuna, perdiste tu bienestar y caíste a un nivel de vida mucho más precario. Nunca has podido hacer el duelo de tu lujo de antaño.

- **Palabras clave:** Revés de fortuna, derrumbamiento, estafa, timo, deuda.
- **Verbos:** Hurtar, usurpar, hacer trampas, perder, desplomar.
- **Personajes:** El heredero, el noble, el banquero, el acreedor, el ahorrador, el ladrón de casas, el policía.

Conexión con la vida actual: El miedo a la carencia

En tu vida actual, puedes sentir angustia ante la idea de no estar en situación segura, especialmente en lo material. Tienes miedo a la carencia, a lo que ésta conlleva, y vives la pobreza y la precariedad como una espada de Damocles que está siempre encima de tu cabeza. Este miedo te paraliza hasta el punto de reducirte a la inercia. No consigues dejar un trabajo o una relación tan sólo porque te dan seguridad y temes quedarte sin nada si llegaras a separarte de lo que ya no te conviene. En algunas personas, podemos encontrar una necesidad de tener previsión y de acumular.

Aprende a disfrutar. Acepta que todo es energía: lo que envías y lo recibes tú. Concédete el derecho a gastos imprevistos. Despréndete de lo que ya no usas.

19. Hambre • Problemas de peso

En tu vida anterior te enfrentaste al hambre y a la carencia de alimento. Por haber sido tan insegura tu próxima comida, tienes constantemente miedo a morir. Aparte del dolor físico que generan estas carencias, sentiste la permanente aprensión de no encontrar nada que comer para la siguiente vez.

- **Palabras clave:** Restricciones alimentarias, déficit, falta, penuria.
- **Verbo:** Comer.
- **Personajes:** El obeso, el anoréxico.

Conexión con la vida actual: Problemas de peso

En tu vida actual puedes enfrentarte a problemas de peso o tener una relación complicada con la alimentación. En ciertos casos, esto se expresa mediante una necesidad irreprimible de comer sin saber parar. En otros casos, mediante la necesidad de control sobre la alimentación: bulimia, anorexia, incluso a veces una necesidad de comer solamente cierto tipo de alimentos o de imponerse regímenes estrictos. Existe una necesidad de dominio sobre el alimento.

Tu cuerpo es tu vaso sagrado que se te donó con ocasión de esa hermosa aventura que es la encarnación. Está para servirte, y su belleza reside en su propia existencia. Ámalo como él te ama a ti.

20. Adulterio
• Autosabotaje de la pareja

En tu vida anterior sufriste las infidelidades de tu pareja amorosa. Nunca tuviste la exclusividad en la relación y, a tu pesar, formabas parte de un triángulo amoroso. En otros casos, eras tú quien no lograbas atenerte a tus compromisos de pareja.

- **Palabras clave:** Infidelidades, poligamia, ilícito, engaño, no mantener los compromisos, lo prohibido.
- **Verbos:** Hacer el amor, seducir, gustar, conquistar, engatusar.
- **Personajes:** El seductor, la mujer engañada, el polígamo, el adicto sexual.

Conexión con la vida actual:
El auto sabotaje de la relación de pareja

En tu vida actual, tienes tendencia a deteriorar tu pareja con el paso del tiempo. En cuanto se instala la estabilidad, tú empiezas a buscarle tres pies al gato. Puede ser mediante pensamientos intrusivos tales como: «¿Es la persona adecuada para mí?» o incluso «¿Estoy realmente enamorado?». La pareja acaba por ahogarse por sus conflictos permanentes y el amor se marchita. Nunca llega a encontrar la estabilidad.

21. Capacidades extrasensoriales • Capacidades espirituales

En tu vida anterior poseíste capacidades extrasensoriales: la aptitud para hablar con los muertos, el poder de percibir elementos del futuro, la facultad de conversar con los ángeles o las entidades superiores, o también disposiciones para el magnetismo.

En ciertos casos, estas capacidades fueron heredadas y enseñadas por un miembro de la familia. En otros, esto se presentó por azar.

En todos los casos, cuando se te revelaron esas capacidades, las aceptaste e incluso a veces las compartiste con personas de tu entorno.

- **Palabras clave:** Tarot, mediumnidad, ángeles y entidades superiores.
- **Verbos:** Leer, sentir, presentir, interpretar.
- **Personajes:** El médium, el rechazado, el paria, el echador de cartas, el ciego, el gitano.

Conexión con la vida actual: Las capacidades espirituales

En tu vida actual, has heredado esas mismas destrezas. Explora las posibilidades, porque son infinitas. No olvides protegerte y que en tu camino te acompañe una persona experimentada y de confianza, que sabrá sostenerte con benevolencia.

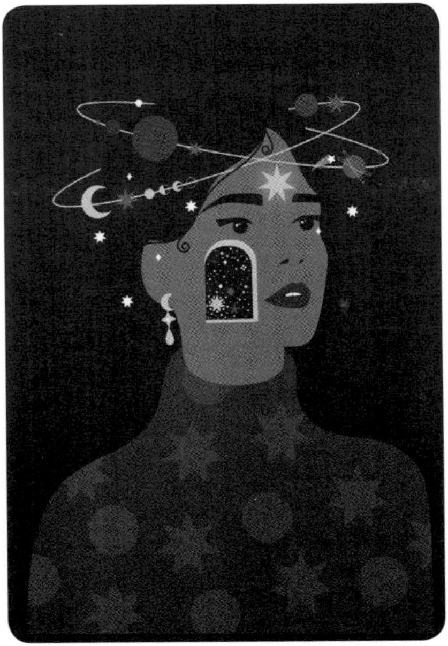

22. Historia de amor • Idealismo amoroso

En tu vida anterior viviste una historia de amor que te marcó particularmente. Esa persona te hizo feliz y compartiste con ella momentos inolvidables. Pudiste construir una vida de familia o un porvenir lleno de seguridad, en el que te sentías realizado y apreciado. Tu pareja estaba presente en cada instante para sostenerte y aportarte todo lo que necesitabas. No lamentaste un solo segundo haberla conocido y bendijiste su nombre hasta tu lecho de muerte.

- **Palabras clave:** Afecto, alegría, dicha, familia, compartir, fuego.
- **Verbos:** Amar, admirar, apreciar, desear, estimar.
- **Personajes:** El enamorado, el romántico, el poeta.

Conexión con la vida actual: Idealismo amoroso

En tu vida actual tienes una intensa necesidad de incondicionalidad en tus relaciones de pareja. Puedes ser un «sentimental» o incluso estar a la espera de un príncipe azul o de una damisela en apuros. Tu lado de cuento de hadas te hace ingenuo y muchas veces quedas decepcionado por relaciones de pareja insatisfactorias. Tienes la constante impresión de estar a la espera de «más», sin saber nunca de qué exactamente. Tienes miedo de no lograr nunca realizar tu sueño de una vida perfecta teniendo al lado a tu doble. Aunque no te hayas encontrado aún con él, sigues esperándolo. No obstante, acepta que la vida de pareja no siempre es de color de rosa y que la realidad, aunque sea más dura, puede ser igualmente bonita.

23. Innovación • Salirse de los caminos trillados

En tu vida anterior mostraste un gran espíritu de innovación. En ruptura con tu tiempo, iluminaste el camino de numerosas personas a tu alrededor. Diste pruebas de originalidad en tu manera de razonar. Tu modo de vida podía estar desfasado de tu tiempo. Pudiste, igualmente, ser un inventor, o el descubridor de nuevas tierras. Tus pensamientos pudieron ser subversivos y atraer las iras de la sociedad biempensante.

- **Palabras clave:** Raro, extravagante, fantasía, individualidad, independencia.
- **Verbos:** Rebasar, adivinar, romper los códigos, adelantar, distanciar, sorprender.
- **Personajes:** El inventor, el *outsider*, el explorador, el original, el sabio loco, la feminista, el excéntrico.

Conexión con la vida actual: Salirse de los caminos trillados

En tu vida actual, puedes sentir la necesidad de despojarte de tus ataduras culturales, religiosas o educativas. Puede asimismo atraerte lo extranjero. En tu encarnación actual, tienes necesidad de ir más allá de ti mismo, de no limitarte a lo que te piden, para sentirte plenamente realizado.

24. Vida creativa • Dotes artísticas

En tu vida anterior, vivías de tus creaciones. Eras pintor, músico, bailarín, autor, tu vida creativa era rica y pautaba tu existencia. Tanto si era una simple afición como si era el medio de ganarte la vida, la creatividad tenía un lugar central en tu vida anterior, lo quisieras tú o no.

- **Palabras clave:** Inventiva, pintura, dibujo, danza.
- **Verbos:** Fertilizar, crear, hacer crecer, imaginar, poner en imagen.
- **Personajes:** La bailarina, el pintor, el superdotado, el músico, el escritor, el soñador.

Conexión con la vida actual: Dotes artísticas

En tu vida actual, conservas lo adquirido en tu pasado. En el corazón de tu alma dormitan talentos creativos. La creatividad no siempre es artística, también puede significar un importante poder de la imaginación al que puedes recurrir en cualquier momento. A nada que confíes, tienes asimismo la posibilidad de encontrar soluciones originales a tus problemas. ¡Libérate!

25. Sacrificio excesivo • Triángulo de Karpman

En tu vida anterior, te sacrificaste. Al igual que el chivo expiatorio, cargaste con el peso de los demás. Más allá de la simple empatía, te hiciste responsable del bienestar de los que te rodeaban, llegando hasta a echarte encima la carga plena de su existencia. Estuviste constantemente desbordado y estresado y cosechaste poca gratitud. Los demás dieron por hecho tu sacrificio constante y sufriste la mala voluntad de aquéllos a los que amabas. Diste mucho, porque no sabías recibir.

- **Palabras clave:** Persecución, juguete, golpeado, tortura, suplicio, sacrificio libre.
- **Verbos:** Renunciar, inmolar, consagrar, ofrecer.
- **Personajes:** El chivo expiatorio, el mártir, el cabeza de turco, la víctima, el verdugo, el angustiado, el santo.

Conexión con la vida actual: El triángulo de Karpman

En tu vida actual, tus dinámicas relacionales toman el modelo llamado «triángulo de Karpman» o «triángulo dramático». Cargas con el papel de la víctima, del verdugo o del salvador, alternativamente o eligiendo siempre el mismo. En todos los casos, fuerzas a las personas de tu entorno a adoptar el papel complementario. Si tú eres víctima, el otro será verdugo o salvador. Si tú eres salvador, el otro es víctima o verdugo. Si tú eres verdugo, el otro es salvador o víctima. La víctima sufre, se queja, se compadece de sí misma. Tiene dependencia del salvador. Se siente desesperada y puede adoptar actitudes de manipulador para captar la atención del otro. El salvador interviene constantemente sin que se lo pidan, es servicial para darse valor a sí mismo o por necesidad de reconocimiento. A veces, lo hace en su propio detrimento. Procura dominar a los demás porque los considera más débiles.

El verdugo, por su parte, rebaja a los demás con su actitud crítica. Juzga y a veces siente la tentación de «castigar» al otro. Desvaloriza al otro para sentirse más poderoso y puede mostrarse irónico. Los papeles dentro del triángulo dramático no son fijos y evolucionan al albur de las situaciones. Para salir del triángulo dramático, lo mejor es evitar entrar en él desde el principio. Para ello, es importante delimitar claramente las responsabilidades de cada uno. En cuanto a ti, habla solamente del problema actual, no la emprendas contra la persona que tienes enfrente. Es más fácil irse metiendo en los papeles del triángulo cuando existen ambigüedades respecto a las responsabilidades de cada uno en los conflictos.

26. Vida espiritual vivificante • Necesidad de sentido

En tu vida anterior estuviste en contacto con lo divino y sentiste una gran paz por ello. Gracias a ese equilibrio interior, te realizaste como ser de luz. Ya sea a través del amor a los demás, del amor a uno mismo o también del amor universal, exploraste todos los aspectos de tu ser y adquiriste una serenidad completa respecto del futuro. Vivías en el instante presente, reconciliado con todas las partes de ti mismo. Estabas en armonía con lo divino.

- **Palabras clave:** Ósmosis, exaltación, éxtasis, nirvana, calma y reposo, beatitud, maravillarse.
- **Verbos:** Adorar, reír, estar en paz, ver a la Virgen, fusionarse.
- **Personajes:** El ermitaño, el gurú, la luz, el sabio, el filósofo, el salvador.

Conexión con la vida actual: La necesidad de sentido

Aunque hayas realizado uno de los aspectos más importantes de la encarnación, has tomado la opción de reencarnarte... ¡para lo bueno y para lo malo!

Lo único, que tienes necesidad de profundidad en tu vida. Estás en búsqueda permanente de sentido, no puedes satisfacerte con la superficie. Te gusta explorar cada aspecto de la vida y no te asusta la intensidad de las emociones siempre y cuando te acerque a la búsqueda de una dimensión superior. ¡Conserva en tu mente que también estás en la tierra para disfrutar, incluso en tus necesidades más primarias!

27. Asesinato, violencia • Culpa y odio interiorizado

En tu vida anterior cometiste lo irreparable. Mataste o violentaste a personas de tu entorno. Sembraste el miedo, la tristeza y la desolación. En medio de ese caos, no conseguías detenerte. Estabas demasiado enmarañado en tus abismos. La paz y la benevolencia te parecían demasiado lejanas. No veías otro modo de funcionar. El odio se apoderó de tu ser.

- **Palabras clave:** Agresividad, agitación, animosidad, fuerza, fogosidad, guerra.
- **Verbos:** Forzar, desencadenar, vengar, golpear, matar, violar, hacer daño.
- **Personajes:** El soldado, el bandido, el asesino, el chico malo, el mafioso.

Conexión con la vida actual: Culpa y odio interiorizado

En tu vida actual, te sientes culpable de lo que cometiste. Sigues sintiéndote incapaz de ser plenamente feliz, porque tienes la impresión de no merecerlo, y de que la vida debería ser dura para ti. Puedes pensar inconscientemente que no eres digno de vivir. Te convences de que todo está siempre mejor si tú estás ausente. Puedes sentir mucha ira, sin saber exactamente contra quién ni por qué. A veces te invade la rabia y te espanta, porque no la comprendes. Asimismo, puedes tener la impresión de que la gente se equivoca respecto a ti, que te imaginan mucho más dotado, amable, inteligente, o simplemente mucho mejor de lo que realmente eres. ¡Tú no eres aquello que fuiste!

28. Mala acción • Deuda kármica

En tu vida anterior cometiste una mala acción: por lo general, ésta tiene repercusiones negativas sobre los demás. Esa mala acción pudo ser motivada por múltiples razones: necesidad de atención, deseo de poder, ganas de revancha, necesidad de poseer, falta de confianza en ti mismo o malas influencias externas.

Mentiste, fuiste violento, hipócrita, engañaste, robaste, te burlaste..., las posibilidades son infinitas.

En aquel momento, sabías que no estabas haciendo una buena acción, pero no pudiste contenerte. No sentiste culpa alguna.

Conexión con la vida actual: La deuda kármica

En tu vida actual, cargas con una deuda kármica. Tienes que saldarla con una «buena acción» realizada sobre la reencarnación de la persona a la que dañaste en tu vida anterior. Esa buena acción podrá ser una actitud de benevolencia ante un comportamiento limitante, un regalo desinteresado o un ofrecimiento generoso. El pago de estas deudas se produce la mayoría de las veces sin que nos demos cuenta, pero esta vez se te pide que prestes una atención particular. Estate dispuesto a repartir tu amor.

29. Buena acción • Karma positivo

En tu vida anterior realizaste una buena acción, casi siempre hacia el prójimo. Acto de bondad desinteresada, generosidad de corazón, palabra amable, empatía y entrega de ti mismo por el simple placer de leer la alegría en los ojos del otro.

Conexión con la vida actual: El karma positivo

En tu vida actual, has heredado un karma positivo. Vienen personas (las reencarnaciones de aquéllos a los que ayudaste) a aportarte su apoyo en el momento más oportuno. Estás bajo una buena estrella, como guiado por lo divino. Siempre sales indemne, incluso de las situaciones más complicadas. Te sientes protegido, privilegiado e incluso bendecido. Tienes toda la razón. Tienes suerte. ¡Tienta tu suerte, provoca a tu destino!

30. Llama gemela • Relación kármica

En tu vida anterior estuviste ligado a tu llama gemela. Compartiste un amor profundo e intenso con otro ser humano. Esa relación fue apasionada. No pudiste estar en pareja y fundar una familia con esa persona y la historia te dejó profundamente marcado. Puede ser que hayas vivido varias vidas junto a esa persona, pero la historia de vuestro amor nunca se completó.

Conexión con la vida actual: Las llamas gemelas

En tu vida actual, estás en contacto con tu llama gemela.

Dado que es la mitad de tu alma, tu llama gemela comparte contigo un vínculo único que nunca podrás tener con nadie más.

Relación intensamente amorosa, el vínculo que os une es incomparable y casi te vuelve loco. La conexión es inalterable, da lo mismo el tiempo, la distancia o los acontecimientos. La relación te provoca una conmoción profunda y te empuja hacia tus bastiones. Revela y hace que afloren a la superficie los dolores, las heridas y los traumas pasados con el fin de que pueda producirse una evolución interior. La relación es irrompible y te es imposible pasar a otra cosa. Ese vínculo te tiene marcado para siempre.

Si te encuentras en este tipo de relación, infórmate lo más posible para comprender lo que te ocurre. Será intenso el trabajo que hagas sobre ti en tu encarnación actual.

31. Alma hermana • Relación kármica

En tu vida anterior estuviste ligado a un alma hermana. Ésta puede ser una amiga tuya, tu hermana, o incluso tu compañera de vida. Tu alma hermana juega un papel fundamental en todas tus encarnaciones pasadas y siempre vais caminando una en el universo de la otra. Ella ha asistido a tus penas, a tus alegrías y a tus dificultades a través de los tiempos.

Conexión con la vida actual: El alma hermana

En tu vida actual, estás en contacto con tu alma hermana.

El alma hermana refleja tus cualidades, a veces incluso algunos defectos. Te conoce de manera instintiva y profunda, a fuerza de haber tenido este tipo de conexiones fuertes contigo en todas esas vidas del pasado. El vínculo kármico se caracteriza por un profundo apego y una sensación de conocerse «desde siempre». La relación no siempre es amorosa, también puede ser de naturaleza familiar o amistosa.

Te ayuda a realizarte dándote su amor, así como sus luces. El alma hermana comparte igualmente tu día a día y te aporta su asistencia, por ejemplo, convirtiéndose en tu esposo o tu hijo. Existe una fuerte conexión que puede cambiar o fluctuar en intensidad, al albur de la evolución personal. La relación te ayuda, te sostiene, te aporta consuelo. Puede, no obstante, hacer que afloren grandes sombras y hacerte sufrir. Se saldan unas deudas y se crean otras.

Si te encuentras en este tipo de relación, has de saber que todo lo que ocurre entre ti y tu alma hermana no es solamente el resultado de vuestra vida cotidiana, sino que carga memorias antiguas. Comprende lo que está en juego y no juzgues a tu alma hermana con demasiada severidad.

32. Familia de almas • Relación kármica

En tu vida anterior estuviste en contacto con una persona de tu familia de almas. Esta persona compartió una vida de familia contigo o formó parte de tu círculo de amistades o del de tus conocidos. Aunque esta persona no sea la más cercana a ti, te es familiar sin saber muy bien por qué. La aprecias y te gustaría saber por qué.

Conexión con la vida actual: Familia de almas

En tu vida actual, estás ligado a una persona de tu familia de almas.

Sin formar parte de tu intimidad, tu familia de almas te acompaña en cada encarnación para formar parte de tu círculo amplio: personas conocidas, parejas o compañeros pasajeros, colegas, familia más lejana. Sin desempeñar un papel central en tu vida, esta persona te es familiar y oculta a veces dentro de vuestra relación una impagable enseñanza. Aprecia ese momento compartido.

33. Muerte traumática • Cicatriz, mancha de nacimiento, memoria celular

En tu vida anterior, moriste de manera violenta. Esta muerte puede ser accidental o resultar de guerras o de persecuciones de otros. Según el contexto, pudieron sorprenderte o aterrorizarte. Estas emociones son importantes, porque condicionan tu vínculo con la muerte de tu vida actual.

Conexión con la vida actual: Cicatriz, mancha de nacimiento, memoria celular

Las marcas que hay en tu cuerpo atestiguan una muerte traumática.[1] Según la época, puedes determinar el tipo: una cicatriz muchas veces es efecto de objetos afilados que hicieron cortes en un miembro, mientras que las marcas de nacimiento suelen resultar de quemaduras o de impactos de balas o de flechas.

El ahogamiento puede tener como resultado sensaciones de sofoco en caso de angustia.

La quemadura, manchas de nacimiento o eczemas/psoriasis.

La decapitación o el ahorcamiento pueden generar desarreglos tiroideos, una tos frecuente o una marca en el cuello.

El veneno puede dar problemas de estómago y trastornos digestivos.

Los golpes pueden provocar dolores articulares o enfermedades musculares.

En el caso de memorias celulares, un ritual de conjuración o un tratamiento energético podrá ayudarte a liberarlas.

1. Ninguna de estas manifestaciones debe reemplazar una opinión médica.

LAS CARTAS «CIVILIZACIONES • ÉPOCAS»

34. Galáctico • Futura Atlántida • 7000 a. C. y más allá

En tu vida anterior estabas en la Atlántida, continente desaparecido bajo las aguas.

Viviste entre los atlantes, una civilización extremadamente avanzada y refinada en cuyo seno vivíais todos en conexión con vuestro entorno y con lo divino. Estás conectado asimismo con tus capacidades extrasensoriales. Eres un ejemplo de tolerancia. Entre los atlantes no existe concepto de tiempo o de espacio. La posesión no existe, por lo cual no existe ningún sistema económico. Participas en la comunidad prestando la máxima atención a la felicidad del otro. Estás conectado con la naturaleza y te comunicas con los animales mediante una especie de telepatía. No conoces ni templo ni sistema religioso alguno, porque cada uno está conectado directamente con su Fuente interior.

Tu capital alberga varios millones de habitantes, entre ellos numerosos científicos, arquitectos, eruditos...

Desgraciadamente, tras miles de años de felicidad perfecta, un pequeño grupo de atlantes desarrolla un concepto más materialista del mundo y anhela instaurar una jerarquía social. Estas disidencias políticas causan el derrumbe de la civilización atlante y firman el comienzo de terribles guerras que conducirán al exterminio del continente entero, así como de la mayoría de sus habitantes.

Hombre científico – Mujer científica

En tu vida anterior, fuiste científico. Apegado al mundo racional, tenías poca consideración por las emociones. Desconectado del mundo espiritual, solamente buscabas la lógica en cualquier forma de vida. Dedicaste poco tiempo a tu vida de familia, prefiriendo la compañía de tus experimentos. A veces, incluso, tus descubrimientos pudieron causar sensación y hacer avanzar a la humanidad.

En tu vida actual, traes en herencia una mente concreta, capaz de captar conceptos abstractos. En cambio, todavía puede costarte trabajo comprender al otro. La empatía es un valor que está por desarrollar en tu encarnación presente.

35. Población nómada • Prehistoria

En tu vida anterior fuiste un nómada de la prehistoria. Libre como el viento, te desplazas al albur de las estaciones y de la caza menor. Profundamente ligado a la naturaleza, así como a sus caprichos, en tu día a día sientes una gran inseguridad en lo que atañe a la supervivencia. Acostumbrado al mismo grupo de personas, rara vez te encuentras con otros seres humanos. Los valores de la tribu son esenciales y ves a tu grupo como una gran familia. De confesión animista, veneras a los espíritus de los antepasados, así como los de los animales. Para ti nada cuenta más que el instante presente, porque el futuro es incierto.

Hombre narrador – Mujer narradora

En tu vida anterior, fuiste narrador de historias. Poseedor de la tradición oral, conoces todas las leyendas de tu pueblo. Eliges sabiamente cuáles contar cada noche, según las necesidades de tu tribu. Fino analista de las dinámicas sociales, sabes abrir los ojos con el fin de apaciguar cualquier tensión que pudiera poner en peligro al grupo. Sabes manejar las palabras específicamente para que puedan resonar en todos y cada uno. Tu mente es viva y acerada. Tienes gran orgullo de tu estatus y eres muy exigente en lo relativo a tu próximo sucesor.

En tu vida actual tienes un talento especial para transmitir emociones a través de tus palabras. La comunicación tiene un papel clave en tu desarrollo y quizá puedas tenerlo en consideración en tu elección de caminos de vida.

36. Celtas
• Comienzos de la Edad Media

En tu vida anterior fuiste celta.

Apegado a tu pueblo, nunca saliste de él, al igual que tus antepasados antes que tú. Tienes una gran fe en tu druida, que posee los secretos de vuestros dioses. La fe es esencial para ti. Tienes cuidado de dar siempre lo mejor de ti, y cuando hay disputas que te enfrentan a pueblos enemigos, no vacilas en tomar la espada y la rodela. Tienes mucho valor y puedes estar en los campos de labor por la mañana y en el campo de batalla por la tarde. Tus manos son tu herramienta más importante y no dudas en intercambiar tus producciones por numerosas monedas. Te mereces tu salario, porque tu arte es singular.

Hombre artesano – Mujer artesana

En tu vida anterior fuiste artesano. Eres diestro con las manos y puedes imaginar con antelación en lo que se van a convertir tus materias primas. Prestas atención al detalle y te gusta ver cómo van emergiendo tus creaciones. Eres capaz de olvidarte totalmente de ti mismo cuando tienes una idea en la cabeza. Sabes cómo aislarte de tu mente con el fin de conectarte enteramente con tu canal creativo.

En tu vida actual tienes predisposición para crear. Los objetos artesanales tienen una energía particular y tú eres sensible a ella. No vaciles, tras la compra de un objeto fabricado a mano, en descargarlo con un incienso o unas velas si no te sientes cómodo. ¡Explota tus capacidades, porque todavía reposan en el fondo de tu alma!

37. Antiguo Egipto • 3000 a 1000 a. C.

En tu vida anterior estuviste en el antiguo Egipto. Los faraones, el mito de Osiris, las momias..., ¡todo eso no tiene secretos para ti! Recorriste a pie el gran Egipto. Persona particularmente piadosa, puedes recitar de memoria todos los mitos de tus dioses y diosas, e incluso tienes un dios (o diosa) tutelar, a quien profesas una devoción totalmente particular. Seguro de la superioridad de tu pueblo, te sientes profundamente en paz y en seguridad. Las guerras han quedado atrás, lejos, y la cerveza de Egipto tiene un sabor incomparable. Estás en el paraíso. Se dice que todo aquel que beba el agua del Nilo buscará siempre aplacar en ella su sed.

Hombre sacerdote – Mujer sacerdotisa

En tu vida anterior fuiste sacerdote o sacerdotisa. Atado a un dios al que dedicas tu existencia entera, tu vida se reparte entre actos de adoración y obligaciones. Pudiste contraer varios juramentos y votos. El vínculo con esa deidad también te confiere poderes algunas veces.

Estás en desacuerdo con el resto de la sociedad y tu estatus particular hace de ti una persona aparte. No tienes la existencia clásica de los de tu tiempo, y te arrancaron de tu regazo familiar. No tienes a nadie más que a tu dios. A veces te sientes terriblemente solo. La fe ocupa un lugar central en tu vida y tú no sabes lo que es la vida ni sus contingencias cotidianas.

En tu vida actual, tienes un vínculo particular con una deidad que todavía está unida a ti y forma parte de tu equipo de guías espirituales. Puede que te cueste trabajo gestionar la vida concreta.

No dudes en planificar tus jornadas e integrar en ellas prácticas de anclaje: cocina, danza, canto, ¡incluso un poco de limpieza doméstica! Vuelve a las tareas de la vida cotidiana. Lo necesitas para no quedarte en las esferas superiores.

38. Grecia antigua • 1000 a 400 a. C.

En tu vida anterior viviste en la Grecia antigua. Eras un ciudadano refinado de lo que para ti representaba el centro del mundo, te gustan las diversiones, así como las escenas de teatro o tragedias. Tienes una vida política enriquecedora y no dudas en participar en la vida de tu polis. Adepto de las filosofías, te gusta escuchar a tu alrededor toda idea nueva. Las mujeres tienen poquísima importancia y están confinadas en el gineceo. Para poder tener un sitio, hay que pelear y mostrar una mente acerada. No vacilas en estudiar numerosos conceptos e ideas diferentes, porque anhelas que tu inteligencia sea infinita. Tienes numerosos amantes, varones y mujeres, y gozas de todos los placeres con mesura, según tu filosofía de vida.

Hombre filósofo – Mujer filósofa

En tu vida anterior, fuiste filósofo. Para ti, lo más importante que había era la comprensión del mundo que te rodeaba: los conceptos, las ideas, el funcionamiento de la psique. Te gustaba comprender el sentido de la vida y todo lo que a él se refiere. Lo intelectualizabas todo, y practicabas las enseñanzas de un maestro al que seguías en todos sus pasos.

En tu vida actual, puedes tener tendencia a intelectualizar. Comprendes los conceptos abstractos y las ideas, pero a veces en demasía. La mente es fuerte. También puedes tener necesidad de un mentor, de una persona a la que admirar y que podrá inspirarte. Pon atención en escoger con buen tino y recuerda que, en nuestra época, eres dueño de escoger lo que A TI te apetezca. Utiliza tu buen juicio.

39. Imperio romano • 400 a. C. – 400 d. C.

En tu vida anterior estabas en la Roma antigua. La República y el Senado, el Coliseo, el mercado de esclavos. Recorriste Roma a pie mil veces. Eres propiedad de una familia rica y estimas que tu suerte habría podido ser mucho peor. No te dan palizas ni te mutilan, como suele ser el caso con los capturados de guerra de los pueblos bárbaros. Te sientes seguro en Roma e incluso a veces aprecias unos juegos del circo cuando acompañas a tu amo a la arena.

Hombre esclavo – Mujer esclava

En tu vida anterior fuiste esclavo. Atado a un amo cruel, padeciste insultos, violencia e incluso a veces tortura. Soñabas con tu libertad, pero te tenía paralizado el miedo. Ya no sabías realmente quién eras, tenías una fuerte impresión de haberte convertido en ganado. Sin embargo, continuabas teniendo esperanza. Tu fuerza interior era inconmensurable, aunque algo se hubiera roto irremediablemente en tu interior. Tu existencia era difícil y te exigía mucha fuerza física.

En tu vida actual, puedes sentir miedo a estar encerrado. La reencarnación de tu amo te debe una deuda kármica, así que ¡puedes esperarte que te ayuden en tu vida actual! No obstante, a veces todavía puedes sentir cierto bloqueo, como si no tuvieras derecho al éxito. Ésa es la memoria kármica de esa vida limitada. De igual modo, tu día a día te da seguridad. Tus rutinas son importantes y te dan una sensación de control. Esto no es un rasgo negativo, tienes que saber servirte de él en los períodos tumultuosos: en tu interior, las costumbres calman tu mente.

40. Aztecas • 1200 a 1500

En tu vida anterior fuiste azteca. Tu pueblo, presente en el México actual, dominaba toda la América Latina. Tu pueblo está apegado al Sol, así como a su culto, y no vacilas en sacrificarle numerosas vidas humanas capturadas con ocasión de tus victorias. Es frecuente que te enfrentes en guerras a otros pueblos, pero las ganas por el valor de tus guerreros. Posees numerosas provincias que te pagan tributo. Numerosos artesanos, comerciantes y soldados componen tu floreciente urbe. Los sacerdotes-brujos transmiten los mensajes de los dioses y te entregan profecías astrológicas en las que debes basar tu existencia. Piensas que eres invencible y estás orgulloso de que tu nombre pueda resonar en la eternidad.

Rey – Reina

En tu vida anterior estuviste en lo más alto de la jerarquía social. Gobernante y dotado de plenos poderes, nadie discutía tu autoridad. Sin embargo, estabas a merced del protocolo y de las obligaciones que te imponía tu estatus. Tuviste, aun con todo, ocasión de disfrutar de tu riqueza y de la generosidad de tus favoritos, todos se afanaban en atraer tu atención. Siendo tú el centro de tu mundo, no imaginabas que pudiera detenerte nada, salvo la muerte, a la que temías terriblemente.

En tu vida actual puedes mostrarte a veces dominante. Te cuesta trabajo aceptar otros puntos de vista diferentes del tuyo y tu actitud puede ser a veces magnánima. ¡Un poco de flexibilidad! Puedes asimismo mostrarte orgulloso de tus orígenes y de lo que eres. Incluso a veces puedes caer en el chovinismo. No dudes en viajar y en abrir el campo de las posibilidades.

41. India • 100 a 300

En tu vida anterior estuviste en la India. En pleno apogeo, ves emerger nuevos sistemas de pensamiento. Te piden que abandones los cansinos rituales religiosos para abrazar una devoción familiar y personal; la astronomía y la medicina dan un salto de gigante, los intelectuales recorren el país en busca de gurús para el conocimiento absoluto. Los dioses se transforman y tú das muestras de gran tolerancia religiosa. Para ti, lo más importante que hay es tu vínculo con lo divino.

Hombre ermitaño – Mujer ermitaña

En tu vida anterior estuviste separado del resto del mundo. Estando en medio de los demás no sentías que estabas en tu sitio, y preferiste una vida apartada, alejada de todos. Dependiendo sólo de ti mismo, vivías con lo esencial. A veces te pesaba la soledad, pero pensabas que te era imposible regresar con los demás. Tu psique estaba en el centro de tu atención y no siempre habías comprendido los mensajes que recibías.

En tu vida actual, puede costarte trabajo volverte hacia los demás. Tienes una gran independencia, pero al mismo tiempo necesidad de vínculos profundos, lo cual hace que con frecuencia quedes decepcionado a primera vista por las personas que te rodean. Intenta rebasar tu reserva instintiva: a veces uno encuentra preciosas perlas en el corazón de conversaciones banales.

42. España • Inquisición • 1200

En tu vida anterior estuviste en España. Combates la herejía con todo tu corazón. No dudas en emplear la tortura porque estimas que la fe prevalece sobre cualquier emoción. Tienes gran cuidado de conservar la pureza. No eres cruel, pero delante del diablo no tienes piedad. Estimas el mundo de manera dual, y nada puede hacerte cambiar de opinión.

Hombre sacerdote – Mujer monja

En tu vida anterior tomaste los hábitos. Entraste al servicio de Cristo y estuviste retirado en la vida monástica. Tienes gran conexión con Dios y sientes seguridad junto a Él. Dado que has contraído votos, no eres dueño de ti mismo y consideras que tu vida debe estar únicamente dedicada a la devoción. En ciertos casos, puedes haber ingresado en las órdenes contra tu voluntad, y entonces ese encierro te pesa enormemente, porque te gustaría mucho más llevar una vida más «normal». En casos muy especiales, incluso pudiste «pecar» y tener un hijo, al que con mucha frecuencia se aborta o se mata. En ese caso, cargas con la deuda kármica del crimen.

En tu vida actual, puedes tener un vínculo particular con Cristo. Atracción o repulsión, no te deja indiferente. En ciertos casos, los votos contraídos todavía ejercen influencia sobre ti.

43. Francia • La Ilustración

En tu vida anterior estuviste en Francia. Viviste en Versalles, en medio de los bailes y de la estricta etiqueta. Apegado a tu imagen hasta el extremo, sabes manejar los rumores para hacer y deshacer reputaciones. Frivolidad, ligereza, ¡lo que cuenta para ti es el placer! Para ti, no hay nada más importante que brillar a los ojos de un poderoso. Manejas el encanto y el halago con maestría y lo único que iguala a tu labia son tus tendencias... ¡veleidosas!

Hombre noble – Mujer noble

En tu vida anterior formaste parte de la nobleza. Al pertenecer a la élite de la población, no eres consciente de la dificultad de la vida. Tenías un profundo apego a la vida mundana, a los privilegios y a las demostraciones ostentosas de tu dinero. No obstante, no te librabas de estados emocionales de desazón frente a historias de amor contrariadas. A veces sentías que te asfixiaba el protocolo, pero no imaginabas tu vida de otra manera. Tu día a día lo pautaban bailes, salidas, en las que necesitabas que se te viera.

En tu vida actual, eres alguien para quien los contactos sociales son muy importantes. La vida material puede representar algo que te atrae o que te produce repulsión. Tienes prestancia natural y en tu encarnación de hoy puedes ejercer un oficio en el que tu cometido tiene que ver con la representación.

44. Amerindios • 1400

En tu vida anterior, viviste en la civilización amerindia. Justo antes de la llegada de los colonos europeos, vives en paz en tu territorio, en simbiosis con tu entorno. Honras a un Gran Espíritu creador, así como a dioses análogos que conoces gracias al chamán, en el transcurso de diversas ceremonias. Danzas y numerosos ritos comunitarios pautan tu existencia. La Tierra es tu madre. Todo lo que está en la naturaleza, seres vivos o no, participa del vínculo sagrado de la vida. Cada uno a su manera, con su propia destreza, cumple su misión. El hombre no ha tejido la tela de la Tierra: él es simplemente su hilo. Todo elemento natural, todo animal, es digno de respeto.

A veces hay guerras que desgarran tu tribu, y lo que tú más admiras es la valentía y la bravura. Una vez firmada la paz, alrededor del fuego del Gran Consejo, anuncias la paz gracias a la pipa ritual.

Vives del trueque y no tomas de la naturaleza más de lo necesario.

Hombre chamán – Mujer chamana

En tu vida anterior practicaste el chamanismo. Tenías un papel esencial en tu comunidad, intercedías entre el mundo físico y el de los espíritus. En un estado de conciencia modificado, percibías y canalizabas las energías de los animales, de los antepasados o incluso de ciertos enfermos, con el fin de servir a tu pueblo.

En tu vida actual, posees vínculos particulares con los animales. Ya sean tus animales domésticos o el reino animal en general, la naturaleza está profundamente anclada en tus energías. Junto a ella te sientes recargado. Puedes tener capacidades de comunicación animal, así como de magnetismo animal. Pueden interesarte campos tales como la naturopatía o la geobiología. No dudes en explorar estas pistas.

45. Italia • Renacimiento

En tu vida anterior estuviste en Italia en la época del Renacimiento. Gracias a la invención de la imprenta, se difunde rápidamente la revolución del arte y del pensamiento que se inició en Florencia. El hombre se encuentra en el centro de los pensamientos y su felicidad se convierte en una prioridad. Hacen su aparición las ciencias humanas. Las emociones son grandilocuentes y la gente se desborda en todos los refinamientos. Vuelve el interés por la Antigüedad e incluso se emprende la exploración del mundo de alrededor. El hombre del Renacimiento tiene la impresión de estar en el corazón de la efervescencia y su mente es un hervidero de ideas.

Hombre artista – Mujer artista

En tu vida anterior fuiste artista. Lejos de las convenciones y de la estabilidad, viviste a través de tu arte y tus creaciones. Completamente ajeno a veces a las obligaciones de la vida corriente, preferías dedicarte por entero a tu imaginación. En algunos casos, tenías una personalidad torturada, presa de algunas adicciones. Tu arte reclama de ti entera dedicación, y tú le consagras la mayor parte de tu tiempo, a costa de renunciar a tus otras actividades de ocio o a tu vida personal. Estás dividido entre el amor a tu arte y la dificultad de su práctica, porque es exigente. Te sometes a su disciplina hasta el final de tu vida.

A veces sí lograste el éxito. En este caso, en tu vida actual estás a la búsqueda de algún tipo de creación y sientes que te gustaría volver a conectarte con ella.

En el caso contrario, si no lograste el éxito con el que contabas, **en tu encarnación del presente** sientes algunos bloqueos en tu poder creativo y tienes la impresión de que no alcanzas a llevar tus proyectos hasta el final.

No dudes en conectarte plenamente con tu poder creativo y en utilizar nuevos caminos de comunicación para mostrar tus producciones. Tu arte ya no tiene por qué permanecer en la sombra.

46. Inglaterra • Revolución Industrial

En tu vida anterior estuviste en Inglaterra, durante la época victoriana que ve surgir el Big Ben y a Sherlock Holmes, pero también a Jack el Destripador. La máquina de vapor permite desplazamientos rápidos y producciones nunca igualadas. El trabajo es duro y ve la luz el sindicalismo. Los sentimientos todavía están exacerbados y la literatura empieza a abrirse a todos, a través de los folletines que se publican por entregas en los periódicos. Se desarrollan las ciencias y numerosos filósofos se separan totalmente de la Iglesia. El mundo sigue todavía muy dividido en secciones y la vida de un burgués no es la de un rico...

Hombre trabajador de fábrica – Mujer trabajadora de fábrica

En tu vida anterior viviste como trabajador en un medio áspero y profundamente hostil. Tu día a día era difícil y no tenías tiempo de pensar en ninguna otra cosa, de tanto tiempo como pasabas en el trabajo. Vivías únicamente en lo inmediato, en lo que se tiene que hacer. No hay lugar para el placer o la alegría. Pensabas esencialmente en tus hijos, en ofrecerles una existencia menos lúgubre. Tus necesidades primarias eran la única prioridad.

En tu vida actual, puedes sentir miedo a la carencia, así como una necesidad de seguridad más importante que la media. Puedes asimismo sentirte bloqueado en tu abundancia, como si no tuvieras acceso a una felicidad ni a una satisfacción profesional. Puedes haber adoptado también una actitud de sacrificio permanente frente a los miembros de tu familia. Asimismo, has heredado una gran valentía y unas capacidades excepcionales de resiliencia. ¡Ten confianza en ti!

Según el problema generado, no dudes en trabajar con un psicólogo, que sabrá identificar las palancas adecuadas que te permitan rebasar tus angustias.

47. Colonos americanos • siglo XIX

En tu vida anterior fuiste colono americano. Con el deseo de escapar del Viejo Continente, hiciste acopio de valor para efectuar la travesía hacia el Nuevo Mundo. Sin tener garantía ninguna de éxito, llegaste a buen puerto en un mundo que te es totalmente desconocido. Todo está por hacer y trabajas duro para construir un futuro sólido. Los animales salvajes no dudan en atacarte. No te quedas parado y fundas rápidamente una familia. Aquí no hay conflicto para poseer, todo se da en abundancia. En cambio, cuidado con los ladrones y otros maleantes, que son de gatillo fácil. ¡Vida dura, pero sencillez!

Hombre viajero – Mujer viajera

En tu vida anterior fuiste un gran viajero. Incapaz de permanecer en el sitio, decidiste marcharte a otra parte, lejos del lugar en el que te criaste. La mayoría de las veces esos viajes se emprendieron en soledad y tu vida se transformó para siempre. En algunos casos, partiste hacia las Américas para procurarte un futuro mejor. No era un viaje fácil, era peligroso y en el caso de algunos rozasteis la muerte de cerca. No obstante, tuviste el valor de llegar hasta el final.

En tu vida actual puedes necesitar cambiar de vida radicalmente en el transcurso de tu existencia. Puedes estar ligado al extranjero, por ejemplo, viviendo en una región alejada de tu lugar de origen, emparejándote con extranjeros o trabajando en contacto con el extranjero.

48. París • 1920-1930

En tu vida anterior estuviste en el París de los Años Locos. Tras el mazazo de la Gran Guerra, el pueblo tiene ganas de bailar. Es la aparición del *jazz*, de la radio y de la literatura surrealista. El *art déco* está por todas partes y la gente se apiña en las salas de fiesta. Es la época del Moulin Rouge y de sus locas veladas. Prolifera el arte y la gente se libera. Se lleva el pelo corto.

Hombre actor – Mujer actriz

En tu vida anterior fuiste un actor o una actriz conocido y famoso. Subiste rápidamente los peldaños de la gloria y estuviste en la cima. Riqueza, fortuna y admiración se convirtieron en el pan de cada día. Tienes todo aquello con lo que uno puede soñar, pero, no obstante, no te sientes en consonancia contigo mismo. Sea por un problema de adicción, de soledad o incluso por repetidos fracasos amorosos, pareces no reconocerte en esas máscaras. No obstante, das la perfecta imagen de la estrella: feliz, guapo y famoso, la gente te envidia. Tú te ahogas y no consigues encontrar tu sitio. Sin embargo, tu arte permanece para la eternidad.

En tu vida actual puedes sufrir de adicciones o de dificultades para conectar con los demás. Tienes tendencia a llevar diversas máscaras sociales y a querer gustar a todo el mundo. ¿Qué quieres para ti?

49. Extremo Oriente • Dinastía Ming

En tu vida anterior estuviste en la China imperial. Tu vida está pautada por los estudios y tu éxito depende de lentos trámites administrativos. Te conoces de memoria las filosofías fundadoras y exhibes un elegante refinamiento. El emperador es el hijo del cielo y recaen sobre él cansinas ceremonias para interceder entre los dioses y los hombres. La estirpe y los antepasados tienen un lugar particularmente importante, así como la jerarquía. El rojo es un color honorífico.

Hombre de poder – Mujer de poder

En tu vida anterior fuiste una persona con poder. Gravitaste en las altas esferas políticas y sociales y detentabas la capacidad tanto de provocar la caída de alguien como de hacerle subir al cielo. Tu poder no tiene ningún límite y tu inteligencia no tenía igual, salvo tu avidez para ir siempre más lejos. No había lugar para el sentimentalismo, tu ambición era incontrolable. Estabas dispuesto a mentir, a aplastar a tu adversario e incluso a machacar a los que se atravesaban en tu camino. Ante ti, todos se callan por miedo a tus intrigas. Hay quien dice que te merecerías el infierno, y eso te da mucha risa. ¡El diablo eres tú!

En tu vida actual, puedes presentar notorias cualidades diplomáticas y eres buen juez de la naturaleza humana. No obstante, prefieres perder de vista las emociones de los demás y dar muestras de frialdad. Ábrete a la plena consciencia. La vida no es una carrera. Deja de verla como una lista de objetivos que ir tachando.

50. Vikingos • 700-1000

En tu vida anterior fuiste vikingo. Pueblo que vivía en las tierras glaciales del norte, eres un cultivador, pero también un guerrero. Tu vida está pautada por las fiestas religiosas y las celebraciones. Tienes la esperanza de morir en combate, para ir al Walhalla. Las mujeres tienen una gran importancia para tu pueblo y las integráis plenamente en vuestra organización social. A algunos de vosotros, incluso os puede entrar el deseo de explorar el mundo.

Hombre guerrero – Mujer guerrera

En tu vida anterior fuiste un soldado. Bajo las órdenes de tu jefe, mataste sin remordimientos. Lo único que hiciste fue obedecer las directrices. Acostumbrado a la violencia y a los gritos, llegaste a ser casi insensible... en apariencia. Te era difícil conectar con los demás y a veces soñabas con la dulzura. Te podía la sed de gloria y de destacar en el combate. Idealizabas los valores del valor y del honor y colocabas en el lugar más alto tu país o tu religión. Incluso podías mostrarte intolerante. No obstante, todo en ti no era otra cosa que búsqueda de justicia.

En tu vida actual puedes presentar mucho valor y una especie de mentalidad «de la vieja escuela». Puedes asimismo tener problemas de sumisión/dominación, o necesidad de control sobre tu entorno y sobre los demás. Aprende la dulzura. Tanto para con los demás como para contigo mismo.

51. Europa • Alta Edad Media

En tu vida anterior, estuviste en Europa durante la Alta Edad Media. Tras la caída del Imperio Romano de Occidente, toman el poder unos reyes locales y apartan a las autoridades. Clodoveo, Carlomagno y otros reyes francos son contemporáneos de tu historia. La vida no es precisamente simple, porque impera una gran inseguridad. Sin embargo, puedes contar con Cristo y con tu fe. Tus bondadosos reyes no vacilan en guerrear para traer reliquias que protegerán el reino. Tú eres piadoso y le entregas todo tu poder a la Iglesia.

Hombre mago – Mujer bruja

En tu vida anterior fuiste mago o bruja. Al margen de la sociedad, manipulaste energías para servir a ciertos designios. Éstos, para algunos, sólo eran benévolos; para otros, más oscuros. En todo caso, tú eras diferente y tus conocimientos hicieron de ti un ser aparte, a la vez fascinante y peligroso. Adivinación, magia, espiritismo, tenías todas esas capacidades a tu disposición. A veces te acompañó en tu camino un «anciano», que estuvo presente para enseñártelo todo antes de darte el relevo. Debido al temor que inspirabas, muchas veces tenías que huir o temer por tu vida.

En tu vida actual sigues poseyendo capacidades extrasensoriales. También puedes sentirte desfasado respecto de los demás, y puede apetecerte hacer algo que se salga de lo ordinario. En el caso de la brujería oscura, cargas con deudas kármicas hacia personas de tu entorno; siembra el bien a tu alrededor para saldarlas. Has de saber que siempre te atraerán las cosas de la sombra... Si estabas en el lado luminoso, es posible que aún puedas reconectarte con esas energías para ayudarte en tu vida cotidiana.

52. Occidente moderno • Vida precedente

En tu vida anterior estuviste en el Occidente moderno. Período que empieza en los años sesenta; viste la llegada de la televisión, colecciones de moda bianuales, vacaciones pagadas y la igualdad de los sexos. A veces, incluso, tu existencia precedente solamente data de unos años antes de tu nacimiento.

Hombre de estudios – Mujer de estudios

En tu vida anterior, cursaste estudios superiores. Te aplicaste en seguir un camino que ya estaba trazado para poder trabajar de manera conveniente y garantizarte un futuro cómodo. Tu oficio no era forzosamente el que más te apasionaba, pero te permitía ganar suficiente dinero para vivir decentemente. Aspirabas a crear una vida de familia estable, ordenada, sin vaivenes. Para ti, la palabra maestra es «continuidad y equilibrio».

En tu vida actual, puedes sentir la llamada de «más». No sabes exactamente qué, pero te gustaría poder rebasar tus límites, acceder a conocimientos superiores. Estás preparado para ello.